JN242120

〈効率のいい動きで
曲げずに飛ばす!〉

てらゆーの
ゴルフ
飛距離アップ
大全

『Tera-You-Golf』
てらゆー

KADOKAWA

PROLOGUE

[はじめに]

飛距離を伸ばすことが
“最も”
スコアアップにつながる

ゴルフの上達は いかに飛距離を伸ばすかに かかっている

こんにちは。ゴルフユーチューバーのてらゆーです。

このたび『効率のいい動きで曲げずに飛ばす！ てらゆーのゴルフ飛距離アップ大全』を出すことになりました。

私の名前を冠した「大全シリーズ」は、2023年3月に出した『ゴルフは基本がすべて！ てらゆーのゴルフスイング大全』、2024年2月に出した『上達の早さは逆算思考で決まる！ てらゆーのゴルフスコアメイク大全』に続いて3冊目。前作2冊で累計3万部を突破するなど、多くのゴルファーに好評をいただいていますが、「徹底的に飛びを追求したレッスン書を出して欲しい」というご要望にお応えし、3冊目を出すことになりました。

アマチュアゴルファーのほとんどが、「1ヤードでも飛距離を伸ばしたい」と考えているはず。しかし、その一方で、「ゴルフは飛距離を競うスポーツではないのだから、そんなに飛距離を求めなくてもいいのではないか」という声も聞こえてきます。

果たして、どちらが正しい考え方なのか？

私自身は、飛距離を伸ばすことに〝最も〟こだわるべきだと考えています。

その理由は、飛ぶようになることこそが、ゴルフの上達につながると考えているし、スコアアップに大きく寄与すると思っているからです。

例えば、ドライバーの飛距離が20ヤード伸びたとしたら、2打目で持つクラブが3番手変わってきます。「ホントに？」と思う人も多いでしょうが、ホントです。

例えば、ドライバーの飛距離が220ヤードの人が380ヤードのホールをプレーしたら、残りは160ヤードで、5番アイアンでグリーンを狙うことになります。同じ状況で、ドライバーの飛距離が240ヤードだとしたら、残りは140ヤード。ドライバーで240ヤード飛ばせるということは、140ヤードは8番アイアンで届く計算になる。つまり3番手短いクラブで狙えるということになるわけです。

実際、飛距離の伸びとスコアの伸びは比例します。私が知る限り、多くのゴルファーは、飛距離が伸びた時点でスコアもアップします。もちろん、アプローチやパッティングが上達したことでスコアが伸びることもあります。ただ、飛距離アップの方が、ゴルフの上達という点で

PROLOGUE

はインパクトが強いといえます。

このことからも分かるように、ゴルフにおいて飛距離は、1つの要素ではなく、その人のゴルフを変えると言っても過言ではないのです。

最も曲がりが少ないのがフルショット

また、「飛距離を追求するとボールの曲がりも大きくなって、スコアが安定しなくなるのではないか」という意見もあると思います。しかし、これも多くの人が抱く勘違いです。

というのも、飛距離を求めてしっかり振れば振るほど、スイングが正しくなって、曲がりは少なくなるからです。

また、飛距離がアップすることによって、飛距離のキャパが大きくなり、ショットに安定感が生まれます。

例えば、160ヤード先を狙うとき、5番アイアンを目一杯振らなければ届かないスイングよりも、5番をコンパクトな振り幅で打てるスイングの方が、結果的に曲がらないで、パーオン率も上がると思いませんか？

「そう言われても、飛ばそうとすると必ず曲がる」という人もいるでしょう。しかし、曲がってしまうのは、必要ないところに力が入ってしまっているケースがほとんど。原因は力みです。

私が言っているのは、ただ力を入れるのではなく、飛ばすためにスイングを正しく行おうということ。この点を勘違いしないようにしてください。

「飛ばそう」と思えばスイングも美しくなる

さらにもう1つ付け加えれば、飛ばそうと思ってクラブを振ることで、スイングそのものも美しくなります。

アマチュアゴルファーの中には美しいスイングに憧れて、形ばかりに気を取られて練習をしている人を見かけますが、その練習法は正しいとはいえません。それよりもむしろ、体を効率良く使って飛ばそうとした方が、美しく、整ったスイングになっていくものです。

飛距離が伸びて、方向性が安定し、おまけにスイングが美しくなる。私が常に、「飛距離アップを目指しましょう」とお伝えしているのも、それが上達の近道だからです。

TERA-YOU-GOLF-STUDIOでも、ゴルファーの飛距離アップを最大のテーマに掲げています。具体的には、「すべてのゴルファーを、2カ月で7番アイアンの距離を9番アイアンで飛ばせるようにしよう」という目標を、コーチ全員で共有しています。

それを実現するためのノウハウをこの1冊にしっかりまとめました。スクールに来れない人でも、この本と私のユーチューブを活用していただければ、大きな飛距離と、今までにないビッグスコアが手に入るはずです。

7番アイアンの距離を9番アイアンで飛ばせるようになろう

INTRODUCTION

飛距離アップの鍵

体を効率良く動かして スピードを上げ 自分に合うクラブを使えば 飛距離は確実にアップする

飛距離アップの3つの鍵

KEYPOINT 1

体の動きを最大限効率良くする

飛ばすためには、正しいスイングの形にするのが近道だ。体の動きを最大限まで効率良くしていこう。正しい基本を身に付ければ、「飛んで曲がらない」が実現する

KEYPOINT 2

スピードを最大限まで上げる

飛ばすためには、しっかり振り切ることが大事。当たり前だと思う人もいるだろうが、力一杯振ることを恐れている人も多い。しっかり振り切ることがどれだけ重要かということを理解しよう

KEYPOINT 3

自分に合うクラブを選ぶ

飛距離アップには、クラブ選びも重要なポイントとなる。飛ばすためには、どういうクラブを選べばいいのか。最も大事なことは、クラブの性能を理解して、自分に合うクラブを選ぶことだ

飛びに関する正しい知識を頭に入れることが大事

「少しでも遠くへ飛ばしたい」。そんな思いを抱きながら、多くのゴルファーが日々努力を重ねていることと思います。ひたすらボールを打ち続けている人もいれば、クラブ選びに余念がない人もいるでしょう。また、数多くのレッスン書を片っ端から読みあさっている人もいるのではないでしょうか。

　しかし、そのやり方を間違えると、せっかくの努力も水泡に帰します。皆さんが回り道をしないように、効率良く飛距離アップが実現できる方法を紹介したいと思います。

　鍵となるのは、「体の動きを最大限効率良くする」「スピードを最大限まで上げる」「自分に合うクラブを選ぶ」こと。この3つを意識して練習を始めましょう。

飛距離を伸ばすためには、理に適った体の使い方やクラブの扱い方を理解し、それを実践することが大事。力任せのスイングで飛距離が伸びることはない（第一章・P21～参照）

KEYPOINT 1

体の動きを最大限効率良くする

ストレッチで柔軟性を高め 体を効率良く動かそう

基本を身に付けると同時に 股関節と肩甲骨の 可動域を広げよう

飛距離を伸ばしたいと思ったら、基本を身に付けると同時に、柔軟性を高めよう。特に大事なのは、股関節と肩甲骨。2カ所の可動域を広げれば、飛距離アップにつながるし、ケガの予防にもなる

飛距離アップを目指すならストレッチも重要。特に股関節と肩甲骨の可動域を広げるストレッチは入念にやっておこう（第四章・P141～参照）

飛ばすためのスイングと真っ直ぐ打つためのスイングは同じ

飛ばしたいときと真っ直ぐ打ちたいときのスイングは違うと考えている人もいるようだが、スイングは1つ。ドライバーとアイアンとでは少し打ち方が異なるが、基本となるスイングは全く同じだ

大事なのは基本の習得とストレッチ

「飛ばすためには、特別なスイングをしなければいけない」と思っている人もいるかもしれませんが、飛びだけに特化したスイングはありません。スイングの基本をきちんとマスターすれば、誰でも飛ぶようになります。正しいスイングを身に付けることによって、パワーがなくても効率良く飛ばすことができます。

ただし、正しいスイングを覚えるだけでは、劇的に飛距離が伸びることはありません。絶対にやるべきは、体の可動域を広げるトレーニングです。スイングはゴムをねじって戻すような動き。可動域が狭いと大きな力が出ないのです。

年齢や身体能力によって負荷の掛け方は変わりますが、飛ばしたいと思うなら、ストレッチを行いましょう

狭いホールほど しっかり振り切ることが大切

フェアウェイが広々としているホールで、「飛ばしてやろう」と思って思い切りスイングすると、スイングに迷いがなくなって大きく、真っ直ぐ飛ぶ。狭いホールも同じ。素振りのときのように振り切ることが大事だ

KEYPOINT 2

スピードを最大限まで上げる

振り切ることができれば 芯に当たって大きく飛ぶ

1球1球渾身の力を込めれば
ドライバーなら10球でヘトヘトになる

練習のときも、1球ずつ振り切ってボールを打つようにしよう。その方が本番で力を発揮できるスイングになる。何十球、何百球ドライバーを打ててしまう人は、まだ振り切れていないと思って良いだろう

振り切ることで芯に当たりやすくなる

なぜ、しっかり振り切ることが大事なのか。しっかり振り切ることでクラブの芯に当たりやすくなるからです。また、インパクトでフェース面がスクエアに戻りやすくなります。では、具体的にどういう動きをすればいいか。答えは、素振りの動きを本番でもすればいいだけです。ボールを目の前にしても、素振りのように振り切れば、真っ直ぐ大きく飛ぶのです。しっかり振り切る動きは、練習のときから心掛けましょう。1球1球全力で振り切ってボールを打てば、連続10球で限界を感じるはずです。100球以上フルスイングしても疲れないという人は、十分振り切れていない可能性が高い。まずは空振りしてでも良いので、最後まで振り切って最大限スピードを上げることに集中してみてください。

ロフト角、長さ、硬さが合っているかどうかが大事

ヘッドの形状だけでなく、ヘッドのロフト角、シャフトの長さや硬さ、重さが自分に合っているかどうかが重要なポイント。ベストマッチのクラブを見つけることができれば、それだけで飛距離は大きく伸びる

KEYPOINT 3

自分に合うクラブを選ぶ

自分に合うクラブを手にすれば飛距離は大幅に伸びる

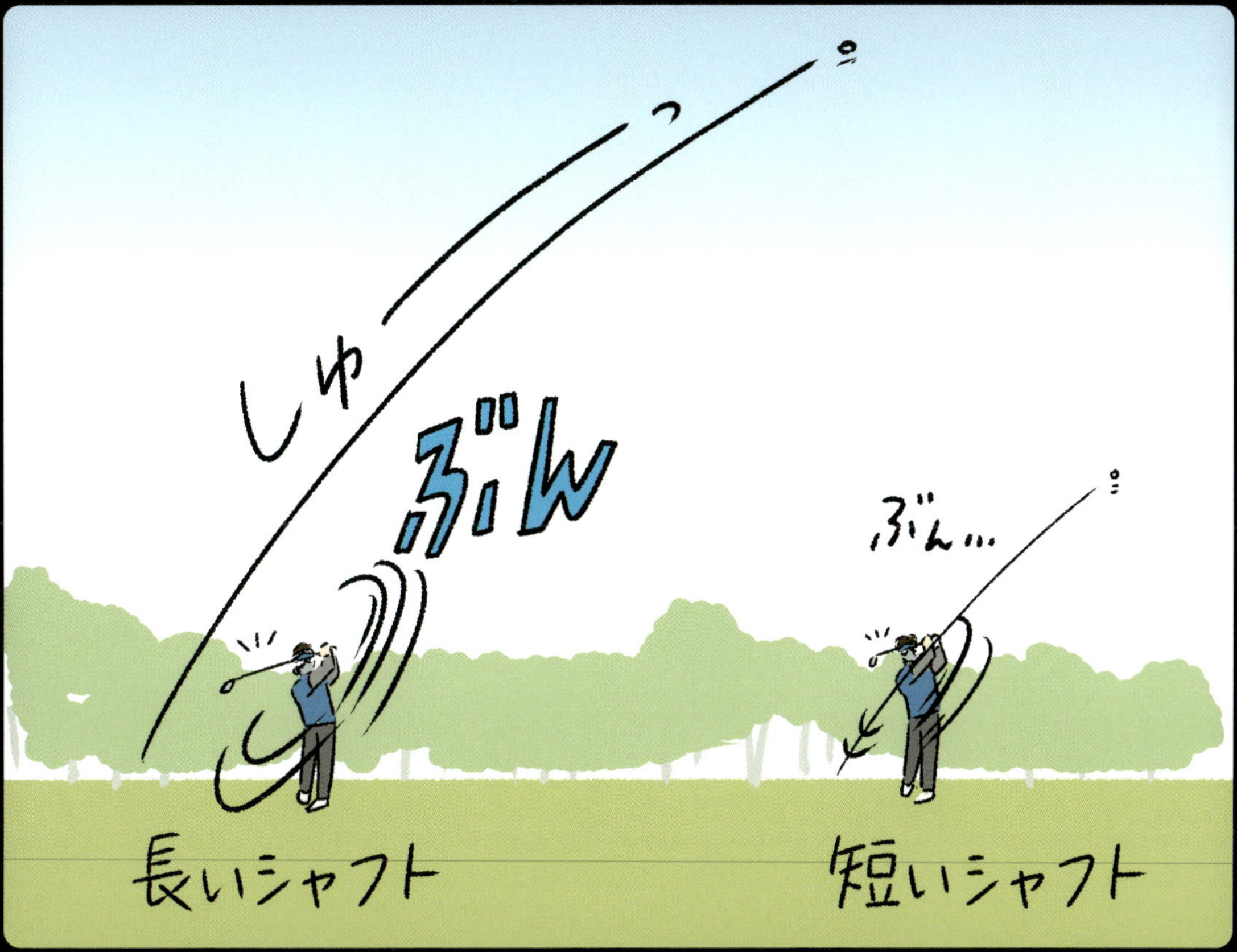

クラブが長ければ長いほど ヘッドスピードが上がる

クラブが長いほど、遠心力が大きくなってヘッドスピードが上がる。シャフトが長くなると曲がりが大きくなるというのは間違った認識。実際、長くなるほどスピードが出るので、挙動も安定する。遠くへ真っ直ぐ飛ばしたいなら、45インチ以上のモデルを手にするべきだ

長いクラブなら飛距離も方向性も手に入る

飛距離アップの3つ目の条件は、自分に合うクラブを使うことです。ご存じのように、ドライバー、アイアンとも数多くのモデルがあり、ヘッドの形や長さが異なります。また、同じモデルでもロフト角やシャフトの重さ、硬さなどによっていくつかの種類に分かれています。その中から自らの能力を最大限に生かしてくれるクラブを見つけることが、飛距離を伸ばす上では重要になってくるのです。

また、クラブ選びで1つ覚えておいてほしいのは、長いクラブほど飛ぶということ。遠心力が大きくなりヘッドスピードが上がるからです。長いと曲がりが大きくなると思っている人もいるようですが、長い方がスピードが出る分、ヘッドの挙動も安定するのでご安心を。

KEYPOINT

総論

目指すはプラス30ヤード アナタのゴルフを大きく変えよう

30ヤード伸びれば……

余裕を持ってプレーできる

アマチュアゴルファーの中には、セカセカしながらプレーをしている人も多いのでは？でも、飛距離が伸びれば余裕しゃくしゃく。コース攻略を考えたり、グリーンを読む時間も大幅に増える

ゴルフがもっと楽しくなる

ティーショットは常にライバルたちの球をオーバードライブ。「飛ぶね〜」といわれると、心もウキウキしてくるもの。飛距離が伸びるだけで、ゴルフがさらに楽しくなるはずだ

自分に自信が持てる

"飛び"という武器を手に入れれば、それだけで自信が湧いてくるもの。その自信がアプローチやパッティングにも好影響を与える。飛距離が伸びれば、すべてが変わると思って間違いない

30ヤードの飛距離アップはそれほど難しいことではない

飛びのキーポイントとして、「体の動きを最大限効率良くする」「スピードを最大限まで上げる」「自分に合うクラブを選ぶ」の3つを挙げましたが、理解してもらえたでしょうか。ここからは実践に入りますが、常にこの3つを意識して練習、ラウンドに挑んでください。

目標は、パターとウェッジを除くすべてのクラブでプラス30ヤード。「とてもじゃないけど、30ヤードは無理」と思う人もいるでしょうが、それほど難しいことではありません。実際、私はそれを実現した人をたくさん見てきました。

飛距離が30ヤード伸びれば、アナタのゴルフは驚くほど変わります。まずは自分を信じて、目標に向かってチャレンジしてください。

てらゆーの
ゴルフ飛距離アップ大全

CONTENTS

STAFF

装丁	小口翔平＋嵩 あかり（tobufune）
本文デザイン	三國創市
編集協力	城所大輔（多聞堂）
執筆協力	真鍋雅彦
撮影	鳥居健次郎
イラスト	岡本倫幸
校正	鷗来堂
撮影協力	成田ゴルフ倶楽部（アコーディア・ゴルフ）
編集	大澤政紀（KADOKAWA）

COLUMN

第一章

なぜ飛ばない？
飛ばしの真実

アマチュアゴルファーの中には、「飛ばすためには練習をしなければ……」と飛ばない理由を追及しないまま練習に励んでいる人が大勢いますが、それでは効率が上がりません。まずは、なぜ飛ばないかを考えること。それを理解して修正していくことが、飛距離アップの第一歩なのです。

ング

飛ばないスイング × 飛ぶスイング 何が違う？

力任せにスイングしても飛距離は伸びない

力みまくって、目一杯クラブを振り回す。ドラコンホールなどでそういう人をよく見かけますが、皆さんも同じようなことをした経験があるのではないでしょうか？　しかし、そのスイングで最高の飛びが実現したという人は少ないと思います。

力んで飛距離が伸びるというのであれば、誰も苦労しません。飛距離を出すためには、理に適った体の使い方やクラブの扱い方を理解し、それを実践することが大事です。

特に飛ばしのキモとなる〝二重振り子〟の動きと下半身の使い方は、飛ばすためには重要で、この2つが揃わなければ、大きな飛びは実現しないといってもいいでしょう。

まずはその基本をしっかり自分のものにしましょう。

できるだけシンプルで再現性の高いスイングを

練習量が限られているアマチュアゴルファーは、高度なスイングを身に付けるのは難しい。できるだけシンプルで、その人の体力でできる動きを身に付けた方が、再現性も高くなり飛距離も伸びる

ゴルフスイングは
二重振り子がマスト

POINT

1つ目の振り子は
首の付け根が支点

同じ軌道を動き続ける振り子。スイングでもこの動きを取り入れれば、再現性が高まる。特に、首の付け根を支点に、腕とクラブヘッドを1本の棒と考えて動かす振り子は、安定したスイングをするには必要不可欠だ

再現性と飛距離を高める2つの振り子

スイングの基本となるのは、〝二重振り子〟の動きです。その名の通り2つの振り子運動を使うもので、これを実践することによって飛びと方向性が高い次元で両立します。

1つ目の振り子は、腕からクラブヘッドまでを1本の棒と考え、首の付け根を支点にしてその棒を動かす動きです。振り子というのは、一度動き出せば同じ軌道を動き続けますが、スイングにおける第1の振り子も、力を入れずに振り続ければ、軌道から外れることはありません。

2つ目の振り子は、手首を支点にした振り子で、ヘッドスピードを上げる働きをします。

つまり、2つの振り子を使うことにより、スイングの再現性が高くなると同時に、飛距離もアップするということです。

NG

力任せに振ると軌道が大きく乱れる

振り子の動きを無視してもクラブを振ることができるが、再現性は低くなる。特に、「大きく飛ばそう」として力任せにスイングすると、スイング軌道が乱れ、ミスショットにつながりやすい

手首が支点

手首を支点にした振り子でヘッドが走る

ヘッドが手元を追い越せばヘッドスピードが上がる

2つの振り子の中でも、〝飛び〟に大きな影響を与えるのは、手首を支点にした振り子です。手元の位置を固定して、クラブだけを左から右に動かすことによって、ヘッドのスピードは格段にアップします。

右手だけに注目すると、このときの手首の動かし方は、トンカチで釘を叩く動きに似ています。準備動作のときは甲側に折れ、叩くときは手のひら側に折る。この動きで釘を強く叩けるわけですが、スイングでも同じ動きが必要です。

クラブを両手で持ったとき、ダウンスイングで右手が甲側、左手は手のひら側に折れ、へその前辺りで右手が左手を追い越す。この動きができれば、ヘッドは走るようになります。

POINT 2つ目の振り子は手首が支点

手首を支点にして、ヘッドだけを動かす。そうするとヘッドが手元を追い越して加速する。これが手首の振り子の動き。ヘッドを走らせるためにも、スイングではこの動きが必要になってくる

POINT トンカチのイメージで手首を使う

トンカチで釘を叩くとき、手首を甲側に折り、それを元に戻すことによって大きなエネルギーを生んでいる。ゴルフスイングでもトンカチを叩くような動きをすれば、ヘッドが手元を追い越して、ヘッドが走る

伸張反射

飛ばしにはデコピンの動きが必要

デコピンのメカニズムをスイングにも活用しましょう
DESCENTE
VESSEL

引っ張った指を一気に解放することで、指のスピードは増す。右手首も極限まで甲側に折って一気に解放すれば、より大きなエネルギーが生まれる

極限まで引っ張れば戻る力が倍増する

飛距離アップにつながる手首を支点にした振り子ですが、この力を最大限に生かすためには、デコピンの動きも必要になってきます。

デコピンとはご存じの通り、指を手前に引っ張って、一気に解放することによって相手のおでこに衝撃を与える罰ゲームの一種。これをするとき、指を極限まで引っ張りますが、手首の二重振り子を使うときも、右手首を極限まで甲側に曲げて一気に解放する動きが必要です。そうすればヘッドがより加速し、ヘッドスピードも上がります。

引っ張ったゴムを急に離すこのような現象を、〝伸張反射〟といいますが、大きな飛距離を実現するためには、伸張反射を最大限に生かすことも重要なポイントになるのです。

デコピンをするときは、指を極限まで引っ張る。伸ばされた筋肉が収縮する現象を、"伸張反射"というが、二重振り子ではこの力も活用したい

POINT

手自体に力は入っていない

デコピンの動きで注目してほしいのは、解放された指に力は入っていないこと。スイングでも、折れた手首を一気に解放すれば手の仕事はそれで終わり。ボールを打つために、手に力を入れる必要はないのだ

遠心力を利用する

手元を固定すれば遠心力は大きくなる

POINT

クラブを回して遠心力を体感しよう

片手でクラブを持ち、手の位置を固定して、体の横でクラブをグルグル回すと、ヘッドはどんどん加速していく。これが遠心力。スイングの際も、この遠心力が利用できるように、手で打ちにいかないことが大事

手で打ちにいくと遠心力は半減する

クラブを振ると、クラブヘッドは円の中心から遠ざかろうとします。そのときに働く、外向きの力が〝遠心力〟で、これがヘッドを加速させる力にもなります。

遠心力に関しては、単にクラブを振ることだけで発生するわけですが、より大きな力を発生させるためには、円の中心をできるだけ動かさないことが大事になってきます。つまり、遠心力をより大きくするためには、手元をできるだけ動かさずにクラブを振った方がいいということです。

飛ばしたいと思うと、どうしても手を動かしたくなりますが、その動きを極力抑え、伸張反射と遠心力を最大限に活用した方が、飛距離アップにつながることを頭に入れておきましょう。

ダウンで手首を
解放したら
スピードが一気に
上がります
Admiral

トップでの捻転差《ねんてんさ》

腰と肩に45度の捻転差ができているのが理想のトップ

大きな捻転差が
できるように
しっかり上体を
回しましょう

ただ体を回しているだけではダメ

飛ばすためには、体の回転も必要です。とはいえ、ただ体を回せばいいというわけではありません。ゴルフでは上半身と下半身のねじれが重要で、具体的には、肩と腰のラインとの間に捻転差を作らなければいけません。捻転差があれば、体をねじって解放したときに、ゴムが巻き戻るときと同じような大きなエネルギーが生まれるからです。それに対してねじれがないと、体を回すだけの力でボールを打たなければいけなくなります。

ねじれの理想は、トップのとき、腰が45度回るのに対し、肩が90から100度回っている状態。これを実現すれば45度から55度の捻転差が生まれます。より大きな飛距離を獲得するためにも、しっかり捻転差ができるように体をねじりましょう。

NG 腰も肩も一緒に回転

腰と肩を同じように回してしまうと、捻転差はできなくなり、エネルギーも生まれなくなる。このようなバックスイングをしてしまうと、腕の力に頼らざるを得なくなり、飛距離も出なくなる

POINT

スティックを使って捻転差をチェック

肩と腰の捻転差というのは、なかなか自分の目ではチェックできないもの。写真のようにスティックを使ったり、動画や写真を使って確認しよう

ダウンスイングでの捻転差

腰を先に回して 肩の向きをキープする意識

腰を先に回して
肩の戻しは
できるだけ
遅らせましょう

NG 解きが早いと
弱々しいスイングに

トップで大きな捻転差を作っても、ダウンスイングで早めに解いてしまうとバックスイングでの苦労も水の泡。エネルギーが逃げてしまい、ボールに伝わる力も弱くなる

腰を先に回すことで捻転差は大きくなる

バックスイングで肩と腰の捻転差を作ったら、トップからの切り返しで一気に解放します。

ここで大事なのは、切り返しで肩よりも腰を先に回転させることです。そうすれば腰を回した時点で、腰と肩の捻転差がさらに大きくなるからです。

そして、捻転差が最大になったところから一気に解放することで、インパクトでのヘッドスピードが最大になります。

せっかくトップで50度前後の捻転差を作っても、ダウンスイングでねじれを早めに解いてしまうと、大きな捻転差を作った意味がなくなります。

腰を回してからも、肩が回るのをできるだけ我慢して一気に解放する。飛ばしのためにも、この動きができるようにしておきましょう。

POINT

「腰から回す」を強く意識

解放するタイミングは難しいが、まず腰を速く回すという意識があれば、捻転差は自然と発生する。バックスイング以上に飛距離に直結する部分なので、「腰から回す」意識は強く持とう

捻転差が飛ばしの源泉になる

切り返しからは腰が先に回転。そうすることによって捻転差はさらに大きくなる

インパクト付近でも捻転差をキープ。胸はボールを向き、腰は目標を向き始める

インパクト～フォロースルーで捻転差が一気に解放される

ダウンスイングでも腰と肩が一緒に回り出すため、筋肉をゴムのように使えない

インパクトゾーンに入った時点で、腰も肩も正面を向く形に

インパクトでは"伸びたゴム"状態。こうなると腕の力で打つしかなくなる

腰と肩が一緒に回ると見た目も弱々しくなる

下の写真を見てください。上段が「捻転差があるスイング」、下段が「腰と肩が一緒に回るスイング」。2つの連続写真で両者の違いがよく分かると思います。

上段は、テークバックの始動時から捻転差が生まれ、トップでは45度前後の差に。さらに切り返しで腰が先に動き始めることによって、ダウンスイングの初期に捻転差が最大になり、そこから一気に解放。力感のあるスイングになっています。

一方、下段は、最初から腰と肩が一緒に回り始め、トップでは腰も肩も90度回転。ねじれが生じないのでエネルギーを蓄えることができず、弱々しいままインパクト。このように捻転差が作れなければ、バックスイング～ダウンスイングは意味のないものになってしまうのです。

テークバックの始動で、すでに腰と肩との捻転差が出始めている

手元が肩の辺りの時点で腰の回転は回り切って止まり、ここから肩だけが回っていく

トップでは、腰が45度前後、肩が90～100度回るのが理想

テークバックの始動時から腰も肩も一緒に回ってしまうと、捻転差が生まれない

手元が肩の辺りに上がったときは、腰も肩もほぼ90度回転している

体全体が回ってしまうとトップも弱々しくなり、力感が感じられない

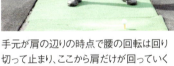

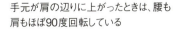

下半身を使わなくても手打ちで7割飛ばせる

私の場合
ヒザ立ちでも
250ヤードは
飛びます

POINT

2つの振り子が飛距離を生む

ヒザ立ちでも、二重振り子スイングは可能。捻転差を作ると同時に、2つの振り子をしっかり使えば、平均飛距離の7〜8割は飛ばせるようになる。逆に、7割以上飛ばせない場合は、上半身の動きに問題ありだ

振り子と捻転差で飛距離はほぼ決まる

ほとんどのゴルファーは、飛ばすためには体重移動が必要だと考えているのではないでしょうか。アマチュアゴルファーの中には、必要以上に体を左右に揺さぶってスイングしている人が多いように感じます。

確かに、体重移動は大事です。しかし、体重移動以上に大事なものがあります。それは、手を含めた上体の動きです。実際、ここまでにお話しした、〝振り子の動き〟と〝捻転差を作る動き〟ができていれば、ヒザ立ちで打っても7割程度の飛距離は出るのです。

もし周囲の安全が確認できるところがあれば、一度ヒザ立ちで打ってみてください。また、それで通常の7割以下しか飛ばない場合は、もう一度、振り子と捻転差を再確認してください。

POINT

捻転差をしっかり作る

ヒザ立ちだと腰は45度まで回すことができないが、肩は90度近くまで回すことができるので、むしろ普通のスイングよりも捻転差は大きくなる。ヒザ立ちスイングは捻転差チェックにもなるのでやってみよう

もっと飛ばすために足の動きを使う

OK

大きく飛ばすために足は積極的に使おう

下半身を大きく動かすことで、自然と体重移動と体の回転が発生する。大きく足を使っても軸ブレにはつながらないので、積極的に使っていこう

POINT

フォロースルーでは9割が左足に乗る

フォロースルー&フィニッシュでは、9割が左足体重に。ただし、ほぼ左足体重になったときも、左に体が流れないようにするのがポイント

体重移動によって上体も回りやすくなる

　前項で上半身の動きが必要なことは分かっていただけたと思いますが、もちろん飛ばしには、下半身の動きも使う必要があります。ざっくりですが、ドライバーの飛距離が250ヤードなら80ヤード前後、約3割強は体重移動によって生まれていると思ってください。

　とはいうものの、体重移動が大きければ大きいほどいいかというと、そうではありません。スイングでは振り子運動と捻転差を作ることが大事なので、それらの動きがよりやりやすくなる下半身の動きが必要になってきます。

　実際、正しい体重移動をすれば、上体も回りやすくなるなど、数多くの相乗効果が期待できます。飛ばすためにも、まずは正しい足の動きを覚えましょう。

右足に体重は
乗せますが
しっかり捻転が
できるように
POINT

バックスイングで右足に8割の体重が乗る

アドレスでは5対5だった重量配分が、バックスイングでは右足8対左足2に。ただし、体重は右に乗っても、軸が大きくブレないことが大事

足踏みだけで体重移動は完結する

インパクトでは、右足のカカトが浮き上がり、この時点でほぼ8〜9割が左足に乗っている感じになる。左足は地面をしっかり踏んでおく

インパクト後は、右足がツマ先立ちになり、体重の9割が左足へ。このとき、左足が飛球線方向に流れないように注意しよう

左右に揺さぶると過剰な体重移動に

実際にどういう意識でフットワークを使えばいいのか。オススメは、足踏みの動きです。

体重移動というと左右の動きをイメージしがちですが、実際は回転をともなうので足踏みで十分。「カカトを上げて地面に着ける」という動きだけで、バックスイングで右足に8割、フォロースルーでは左足に9割を乗せることができます。

実際、私はスイング中、体重移動をしているという感覚はなく、その場で足踏みをして体を回しているだけ。右に8割、左に9割とお伝えしているのは、計測したらそういう数字が出たというだけです。

しかもこの足踏みは歩く動作と同じなので、誰でも簡単にできます。リズム作りにも役立つのでぜひ試してみてください。

地面に両足が着いた状態から左足カカトを上げて右足で地面を踏む。この動きだけで、右足に8割前後の体重が乗る。大げさな動きは必要なし

切り返しで、浮いていた左足カカトを戻し、左足で地面を踏む。それと同時に、右足カカトを浮かせ、右足は飛球線方向に向かって地面を蹴るように動かす

動かしてはいけないのは頭ではなく支点となる首の付け根

インパクトの瞬間は、右肩が下がり、顔も大きく右にずれて、ビハインド・ザ・ボールの形になる。ただしこのときも、首の付け根は大きく崩れていない

打ち終わったあとは、体重移動とともに頭の位置も左へ移動。首の付け根はこのときもずれていないが、顔の向きは完全にターゲット方向になる

頭は動かした方が体は回しやすくなる

体を大きく回すための頭の動きについても、きちんと理解しておく必要があります。

一般的に、「頭を動かすな」といわれますが、動かしてはいけないのは、頭ではなく首の付け根。なぜなら、第1の振り子の支点が首の付け根にあるからです。言い換えれば、首の付け根さえ動かなければいいわけで、頭の位置や顔の向きは、むしろ動いた方が体は回しやすくなります。

スイング中の頭の位置は、下の写真の通り。アドレスでは体の中心にありますが、トップでは少し右に移動します。そしてインパクトでは、右に大きくずれ、フィニッシュでは左に少しずれます。その一方で、首の付け根は常に中心にあるというのが正しい動きです。

アドレス時は、頭も体の中心に。アマチュアゴルファーの多くは、この位置をキープし続けようとするが、そうすると体が回りにくくなる

バックスイング〜トップでは、体の回転とともに頭の位置も少し右にずれる。ただし、首の付け根は体の中心をキープしている

レス

飛ばないアドレス × 飛ぶアドレス 何が違う？

大きく構えるのが飛ばしの最低条件

飛ぶか、飛ばないかは、アドレスも重要です。では、飛ぶアドレスと飛ばないアドレスの違いはどこにあるのか？

実は、構えの大きさにあります。「何だ、そんなことか」と思われるかもしれませんが、実際、飛ばす人は大きく構えています。

一方、「飛ばない」ことで悩んでいる人の構えは、ほとんどがこぢんまりとしています。例えば、構えたときの手元の位置が体の近くにあったり、スタンス幅が狭かったり、猫背になっていたり。このような小さい構えだと、動き自体が小さくなり、当然、クラブが描く円も小さくなります。

大きな飛距離を獲得したいと思ったら、まずは大きく構えることから始めましょう。

**小さく構えると
クラブの動きも小さくなる**

ゴルファーの中には、ヘッドをきちんとボールに当てたいという気持ちから、顔も体もボールに近づけて構える人が多い。しかし、こぢんまりとした構えだと、飛距離は確実に落ちる

肩幅より少し広めが飛ぶアドレス！

誰にでも飛びの
スタンス幅が
あるので
見つけましょう

POINT

適正な広さを自分で見つけよう

肩幅で立ち、「体重移動がしやすいか」「体の回転がスムーズにできるか」「しっかり振ってもバランス良く立てているか」などをチェックしながら少しずつ広げてみよう

スタンス幅は広過ぎず狭過ぎず

飛ばすためには、大きく構えることが重要なポイントになりますが、そのためにまずやってほしいのが、適正なスタンス幅で立つことです。

ドライバーを打つ場合の適正なスタンス幅は、肩幅より少し広め。広過ぎず、狭過ぎず、ドッシリ感があって、体重移動もしやすいというのが、肩幅より少し広めになります。

一方、スタンス幅が狭いと体重移動がしづらくなって、大きなパワーを出せなくなります。また、広過ぎる場合は、体の回転がしづらくなって、手打ちに近い形になります。

まずは、肩幅を基準にして立ち、スタンス幅を少しずつ広げて、最も速くスイングできる自分なりの最適な広さを見つけましょう。

NG 狭過ぎると体重移動ができない

スタンス幅が肩幅より狭くなると体重移動がしづらくなり、大きなパワーを出せなくなる。多少の個人差は出てくるが、飛ばしたいと思うならスタンス幅は少し広めにして構えた方がいい

NG 広過ぎると体を回転させづらい

スタンス幅が広い方が大きな構えに見えるが、広過ぎるとしっかり体を回転させることができなくなる。スイングでは体の回転も必要なので、広過ぎるスタンス幅はオススメできない

背筋をピンと伸ばし 胸を張って構える

NG 構えが小さくなると飛距離が出なくなる

頭が下がって腕が曲がった構え。このような構えだと、飛距離を出すことは難しい

背中が丸まると体が回りづらくなる

大きく構えるためにはどうすればいいのか。その方法をお教えしましょう。

まずは背筋を伸ばすこと。自身では気づきにくいと思いますが、ほとんどのゴルファーは、頭が下がり、背中が丸まった状態で構えています。しかし、このような形で構えると、腕が伸びなくなり、体も回りづらくなります。

もう1つは胸を張ることです。背筋だけを伸ばそうとすると肩や腕に力が入ってしまうので、しっかり胸を張ることも大事になってきます。

この2つができていれば、捻転がしやすくなり、スイングも大きくなります。見た目も美しくなるので、ぜひこの2つを意識して構えてみてください。

飛球線
後方から見て
背中が真っ直ぐに
なっていれば
OK!

POINT

構えに入る動作をルーティン化する

構えに入る前に、クラブを正面に上げ、まず背中をピンと伸ばし、そして胸を張る。このように飛ばせる形を作ってから前傾姿勢を取ることが大事。この動きをルーティン化するようにしよう

腕をダランとさせてクラブを握る

POINT

腕を垂らしたところがベストのポジション

前傾姿勢を作ってから両腕をダランと垂らすと、手元の位置が両足ツマ先よりも少し前辺りにくる。これが手元のベストなポジション。ここでクラブを握れば、体とグリップとの間に適度なスペースが生まれ、スイングがよりスムーズになるし、スイングアークも大きくなる

手と体の間には適度な空間が必要

大きく構えるには、クラブを握る位置も大事です。

正しい位置は、前傾姿勢を作ったあと、腕をダランと伸ばしたところからやや前側。この位置でクラブを持つことによって、手と体との間に適度な空間ができるので、腕を大きく振りやすくなります。

腕を大きく振ることができれば、スイングのスピードも速くなり、飛距離も伸びます。

それに対し、クラブを握る位置が近過ぎたり、遠過ぎたりすると、力が入りづらくなり、クラブも走ってくれません。

また、腕をダランと伸ばすことによって、ヒジや手首の関節が柔らかくなって動かしやすくなるほか、体全体もリラックス状態になり、いい意味で力の抜けたスイングになります。

NG 手元が近いとスイングも小さくなる

グリップが近いと構えが小さくなるので、スイングも小さくなる。また、体を使ったスイングができなくなる

NG 手元が遠いと力が入らない

大きく構えようと手の位置を遠くにする人がいるが、手と体との距離が離れると、クラブに力が伝わりにくくなる

体の力が抜けた
リラックス状態で
構えることが
大事です！

前後の重心

母指球を中心に足裏全体で立つ

OK まずはバランス良く立つ練習をしてみよう

スイングにおいては、構えたときからバランス良く立てているかどうかが大事。母指球に重心を置いて前傾姿勢になり、バランスが取れているかどうかをチェックしよう

NG 前のめりになるツマ先体重

ツマ先に体重を置いてしまうと、体が前のめりになりやすい。また、スイング中、体が起き上がりやすくなる

NG 腰が落ちたカカト体重

ビギナーに多いのが、カカト体重。腰が落ちてヒザが前に出やすくなり、力が入らないスイングになる

重心位置が決まれば スイング中グラつかない

飛ばしのスイングでは、構えたときの前後の重心の位置も重要なポイントになります。最初の重心位置が間違っていると、正しいスイング軌道を描けなくなるからです。

正しいポジションは、母指球（足の親指の付け根辺り）です。母指球を中心に足の裏全体でバランス良く立つことが大事です。

重心を正しいポジションに置くことができれば、多少スイングが大きくなっても、バランスが崩れません。一方、重心位置が間違っていると、スイング中に前のめりになったり、起き上がるような体勢になりやすくなります。

打ったあと体がグラグラする人は、構えたときの重心位置に間違いがある可能性が高いのでチェックしてみてください。

ドッシリとした
見るからに
飛びそうな構えを
作りましょう

POINT

正しい重心位置が 美しい構えを生む

母指球を中心に足裏全体で構えると、立ち姿も自然と美しくなる。飛ばすためには、まずはこのようなバランスの良いアドレスを作ることが大事だ

アドレスの力感

少しでも力んだら絶対に飛ばない

飛ばしには力みのない構えをすることも大事です

POINT

飛ばしたいときほど力まないようにする

飛ばす上では、“力まない”ということも重要なポイント。ミスした時に「力んでしまった」と思いがちだが、これは防げるミス。力みがない構えができるように普段から練習をしておこう

肩に力が入っただけで20ヤードはロスする

「練習場では飛んでいたのに、コースに出ると飛ばなくなった」。ゴルファーの中には、そういう人も多いのではないでしょうか。原因はいろいろ考えられますが、その中でも多いのが〝力み〟です。

「力んではいけない」というアドバイスはよく耳にしますが、少しでも体に力がはいると、スイングがぎこちなくなり、ボールは飛んでくれません。

どうしても力が入ってしまう人は、構えるとき、肩を落として肩の力を抜きましょう。また、P52でもお話ししたように、両手をダランと落として構えることも大事です。

力感のない構えがいつもできるように、常にこの2つを意識するようにしてください。

OK 肩の力を抜いてから構えに入る

肩の力を抜いて、腕をダランと垂らす。この状態でクラブを握る。ここまでの動きをルーティン化すれば、常に力みのない構えになる

NG 怒り肩になった瞬間に飛ぶ確率は下がる

「飛ばしたい」と思ったときほど力むもの。力むと体が固まってしまい、動きがぎこちなくなる。怒り肩になってしまうと、飛びはほぼ100%期待できない

ップ

飛ばないグリップ × 飛ぶグリップ 何が違う？

手首を柔らかく使えるかどうかがポイント

グリップが大事だということはご存じだと思いますが、〝大事〟という言葉が、飛ばないグリップになる原因を作っているともいえるでしょう。「大事＝手のひらでギュッと握る」と思っている人が多く、これが間違いの始まりとなっているのです。

「なぜ手のひらで握ってはいけないのか」。手のひらで握ると、クラブの動きは安定しますが、手首を柔らかく使えなくなるからです。手首を柔らかく使うというのは、飛ばしの二重振り子スイングでは必要不可欠な動き。手のひらで握ると、それを殺してしまうことになるのです。

グリップの修正には相当な時間がかかりますが、中長期的なスパンでもいいから飛びを手にしたいという人は、グリップを見直すことを強くオススメします。

「しっかり握る」が飛ばない原因に

「手元がブレないようにしっかり握ろう」。そう考えてクラブを握っている人が多いようだが、それがかえって飛距離を落とす原因に。飛ばすためには、逆にしっかり握らない方がいいのだ

手のひらで握るとヘッドは走らない

OK 指の付け根にグリップをあてがって握るのが正解

左手も右手も指の付け根にグリップがくるように握るのが正しい握り方。この形で握れば、クラブを握った状態でも手首がスムーズに動く。この手首の動きやすさが、二重振り子スイングには欠かせない

指の付け根
指先で握ればヘッドは自然と走るようになります

指先で握ることが
ヘッドを走らせる最低条件

グリップで最も重要なのは、グリップをどの部分で持つかということです。多くの人は、しっかり持つために、手のひらで握りしめようとしますが、これは間違い。実際にやってみると分かりますが、手のひらで持つと手首がスムーズに動かなくなるからです。手首がスムーズに動いてくれないと、当然、二重振り子が使えなくなるので、ヘッドは走らなくなります。

それに対し、指先の付け根で持つと、手首の動きはスムーズになります。つまり、二重振り子でスイングができるようになり、その分、ヘッドが走るし、飛距離も伸びるということです。

手のひらでグリップを握りしめていた人は、今すぐにでも指先で握るグリップにトライしてください。

NG 手のひらにクラブを置いてギュッと握る

多くのゴルファーがやっている“手のひら握り”。この形で握るとクラブの動きは安定するが、手首がスムーズに動かなくなり、二重振り子スイングの2つ目の振り子が使えなくなってヘッドが走らなくなる

指の使い方

指の付け根中心で引っかけると飛ぶ

指の付け根に
引っかけておけば
手首が柔らかく
使えます

POINT

グリップが正しければ手首は柔らかく使える

二重振り子スイングでは、いかに手首を柔らかく使うかが重要。指先で引っかけるグリップができていなければ、タメができないし、このあとヘッドを急激に返す動きもできなくなる

指の付け根で引っかければしっかり握れる

グリップは指の付け根で握るという話をしましたが、飛ばすためには、指の付け根で〝引っかけて握る〟ことが大事です。

指の付け根で引っかけるというのは、電車のつり革を持つときと同じ。吊り革を持つとき、指を引っかけますが、そうすれば必要以上に力を入れなくても、吊り革がしっかり握れるし、手首が固まらないので、揺れに対しても柔軟に対応できます。

クラブも指の付け根で引っかけるように握れば、それほど力を入れなくてもクラブが抜けることはないし、手首も柔らかく使うことができます。

実際に握るときは、右手も左手も、下から引っかけるように握ってください。クラブを下から支えているという感覚があれば、正しく握れている証拠です。

POINT 吊り革を持つときのように引っかける

電車の吊り革を持つとき、指の付け根を引っかけるようにする人が多いが、この持ち方なら、力を入れなくてもしっかりグリップできる。また、前後左右の揺れにも対応可能。ゴルフのグリップでもこの持ち方をするのがベストだ

POINT 握る強さはギリギリ抜けない程度で

指の付け根に引っかけておくだけで、力は入れなくても高いグリップ力が実現する。実際に握るときは、強く握るのではなく、誰かに引っ張られても抜けない程度の力でOK。その方が、手首が柔らかく使えるのでヘッドが走りやすくなる

左手の親指を隠せば手首が正しく返る

NG 右手を横から握ると左手親指が隠れない

正面から見て左手親指が見えるような握り方をすると、右手にクラブが密着せず、スイング中、クラブが暴れることも。右手を横から握るとこの形になりやすいので注意したい

右手で
左手親指を
包み込み
両手の一体感を
深めましょう

POINT 左手親指が隠れるように握る

左手親指が隠れるように握ると、右手の生命線の辺りの凹みに左手親指がスッポリはまる。その結果、両手の一体感がより強くなり、スイング中、クラブが暴れることがなく、パワーをしっかりボールに伝えることができる

右手の生命線の凹み辺りに左手親指を置く

飛ばしのリストターンができるグリップを作るには、両手の合わせ方も重要です。大事なのは正面から見て、左手の親指が隠れるように握ることです。

基本的にグリップは、左手を握り、次に右手を握るわけですが、このとき右手で左手の親指を包み込むように握ります。

ここで左手の親指が見える握り方をすると、右手のひらに空間ができて、スイング中、クラブが暴れることがあるからです。

もう少し詳しく説明すると、右手の生命線の凹み辺りに左手の親指がくるように握ること。そうすれば、両手の一体感がより強くなります。手の中に隙間ができないので、必要以上に力を入れることがなく、軽く持った状態でも正しいリストターンができるようになります。

正しいグリップで
ヘッドが走る
リストターンを
行いましょう

NG リストターンができなくなる

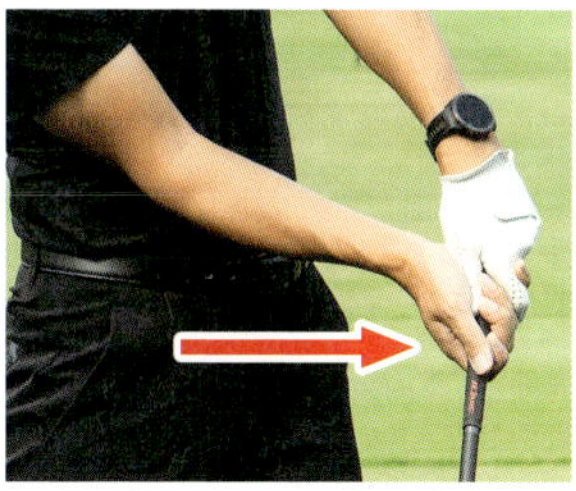

左手親指が見えるような握り方をしてしまうと、フェースの開閉が抑えられるので、リストターンもしづらくなる。この打ち方だと当てて終わるスイングになってしまい、ヘッドが走らず飛距離も伸びない

POINT 正しいリストターンが自然とできる

左手親指を隠す握り方をしていれば、手首もスムーズに動き、正しいリストターンができる。ヘッドを走らせるためには、このリストターンが必要なので、両手が一体となったグリップを作るようにしよう

スクエアグリップなら リストターンで飛ばせる

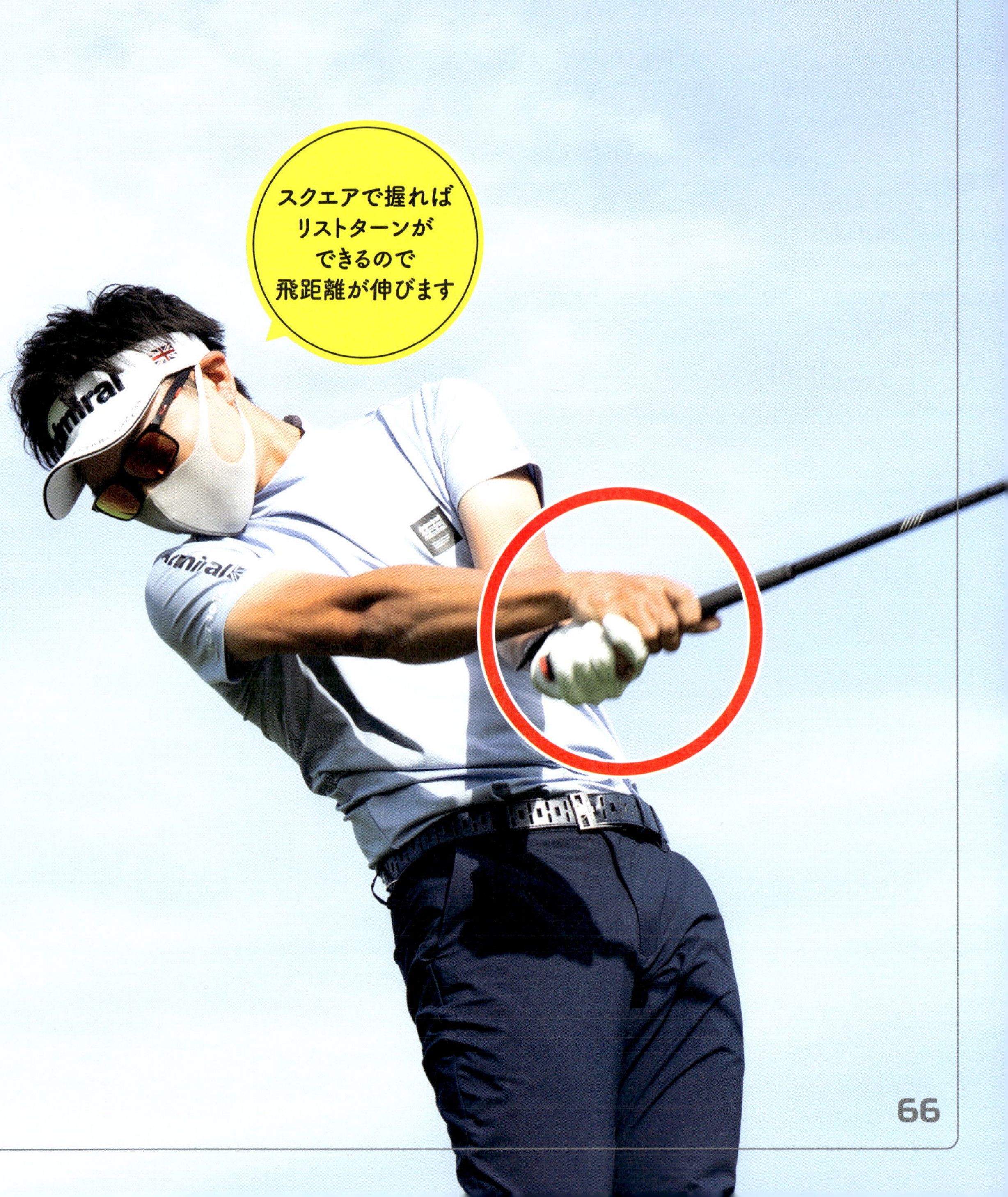
スクエアで握れば
リストターンが
できるので
飛距離が伸びます

飛ばしたいならスクエアで握ろう

グリップには、スタンダードなスクエアグリップと、左手をかぶせて握るフックグリップ、左手を少し開いて握るウィークグリップの3タイプがありますが、最も飛ばせるのはどのグリップか分かりますか？

答えは、スクエアグリップ。その理由は、スクエアが一番、リストターンが使えるからです。

一方、フックグリップは、リストターンがしづらいし、無理にリストターンをすると球が引っかかる可能性があります。また、ウェークグリップに関しては、リストターンはできますが、フェースが開いて当たりやすく、球がつかまりにくいのでオススメできません。

スクエアで握り、リストターンを使ってヘッドスピードを上げる。これが飛ばしの基本です。

POINT スクエアグリップが飛ばせるグリップ

3つのグリップの中で、最も飛ばせるのがリストターンを使えるスクエアグリップ。スクエアの場合、リストターンをしないと真っ直ぐ飛ばないので、必然的にリストターンを使うようになる

POINT フックグリップは手首を使えない

かつては飛ばしのグリップといわれたフックグリップだが、実際はリストターンが使えなくなるので大きな飛距離は期待できない

POINT ウィークグリップはフェースが開きやすい

リストターンは使えるが、フェースが開きやすく、球のつかまりが悪くなるので飛距離が落ちることも。飛ばしたい人には不向き

右手の親指が長いと力みやすくなる

OK 飛ばしたいならショートサムで握ろう

親指と人差し指の長さが、右手はほぼ同じ、左手は親指が爪1つ分長いくらいがベスト。ショートサムといわれるこのような形で握ることができれば、力んだスイングにならないし、手首もスムーズに動くようになる

ショートサムだとテークバックでコックが入りやすくなります

POINT 右手首の角度がキープできる

ショートサムの方が、テークバックで自然とコックが入るし、ダウンスイングでも右手首の角度をキープしやすくなる

右手の親指は人差し指とほぼ同じ長さで握る

手首の動きをスムーズにするために気をつけてほしいことがもう1つあります。それは、右手の親指が長くならないようにすることです。

親指が長い握り方を〝ロングサム〟といいますが、この形になると、手首のコックが入りにくくなります。また、腕や肩に力が入ってしまい、窮屈なスイングになるというデメリットもあります。

右手に関しては、親指と人差し指がほぼ同じ高さになるのがベスト。また、左手は、人差し指よりも親指が爪1つ分くらい長くなるように持ちましょう。こちらは〝ショートサム〟といいますが、この形で握れば、構えたときから力みにくくなるし、テークバックでも正しいコックが入りやすくなります。

NG ビギナーに多いロングサムはこれといったメリットなし

親指を長く使うロングサムは、手首が折れにくくなるし、腕や肩に力が入りやすくなる。ビギナーにはロングサムで握ってしまう人が多いが、飛ばすことに関しては不利なグリップになるので、あまりオススメしない

POINT 力みやすくなるロングサム

ロングサムだと力の入ったスイングになりやすい。また、テークバックで深くコックできないので、ダウンで手首が解けやすい

クバック

ック

飛ばないテー × 飛ぶテークバ 何が違う？

飛ばす人はクラブで大きな円弧を描く

テークバックはスイングの最初の動きになるわけですが、飛ぶか、飛ばないかはここで決まると言っても過言ではありません。飛ばないゴルファーは、最初の時点で重大なミスを犯しているケースが多いのです。

テークバックで最も大事なのは、大きくクラブを動かすことです。クラブが動く円軌道（スイングアーク）が大きくなればなるほど、遠心力が大きくなってヘッドスピードが上がるなど、飛ばせる要素が増えます。

もう1つは、スピードです。テークバックは〝ゆっくり上げろ〟という人もいますが、スピード感をもって上げた方が、勢いがつくし、体の捻転がしやすくなります。

この2つを意識しながらクラブを上げていきましょう。

小さいスイングは飛距離が出ない

多くのゴルファーは、ボールに向かうと、「当てたい」気持ちが強くなり、ついつい小さなスイングになりがち。しかし、それでは飛距離が出ないし、手先を使ったスイングになるのでミート率も落ちる

両腕を伸ばしたまま クラブを動かす

NG

ヒョイと持ち上げると手打ちに

早い段階で手首を曲げたり、クラブを持ち上げてしまうと、体のねじれが生まれず、結果的に手打ちになりやすい。飛ばないと悩んでいるゴルファーの中には、こういうスイングをしている人が多い

POINT

両腕を伸ばすことで円弧が大きくなる

クラブが地面と平行になるまで（ハーフウェイバック）、両腕は伸ばしたまま上げていく。手元がボールから離れるので不安になる人もいるだろうが、この動きがなければ大きなねじれが生まれない

腕を伸ばして上げれば捻転もしやすくなる

テークバックでまずやらなければいけないのは、腕も手首も真っ直ぐ伸ばしたまま、クラブを動かすことです。この時点で手首を曲げたり、手でクラブを持ち上げると、体を使ったスイングができなくなるからです。

実際は、両腕をしっかり伸ばし、体と腕を同調させながら、クラブが地面と平行になるくらいまで上げていきます。この形を作ることができれば、大きな捻転も生まれ、飛ばしに必要な捻転差が大きくなります。

ポイントは、体の回転と一緒に腕を動かしていくこと。体の正面から手元が外れないようにしましょう。

スイングの途中を修正するのは難しいことですが、この動きは誰でもできるはず。ぜひ意識してください。

スイングアークを大きくする

外に動こうとするヘッドの邪魔をしない

飛距離を伸ばすためには、クラブが描く円軌道、いわゆる〝スイングアーク〟を大きくすることが大事です。スイングアークが大きくなることによって、遠心力が大きくなり、その分、ヘッドスピードが上がるからです。

スイングアークを大きくするにはP72でお伝えしたように、テークバックで腕を真っ直ぐ伸ばしたままクラブを上げることがポイントになりますが、それと同時に、外側に向かうヘッドの動きを邪魔しないことが重要です。つまり、手でクラブを上げるなということです。

また、テークバックで遠心力を使うとき、下半身が右に動かないように注意しましょう。

大きなスイングアークで、しっかり遠心力を使えば、確実に飛距離は伸びます。

POINT
クラブが地面と平行の高さになるまでが勝負です

外に放り出すようなイメージで上げる

腕を真っ直ぐ伸ばし、ヘッドを外に放り出すようなイメージで上げていくと、大きな遠心力が働く。テークバックの始動でこの動きができていないと、このあといくら頑張ってもヘッドスピードは上がらない

反動で勢いをつけてクラブを上げる

POINT

テークバックで勢いをつける

テークバックは、ゆっくりスタートして徐々にスピードを上げるというイメージがあるが、最初から勢いよく上げるべき。その動きをマスターできるのがこの素振りだ

勢いをつける
ためにも反動を
利用した素振りを
しましょう

勢いをつければ ねじれも大きくなる

できるだけ勢いよく上げるということも、テークバックにおいて重要なポイントになります。ツアープロの中には、ゆっくりとしたテークバックから大きく飛ばす選手もいますが、スピードを上げるためには勢いよく上げた方がいいでしょう。

また、その方が、スイングのリズムも生まれるし、捻転もしやすくなります。

勢いを実感するドリルとしてオススメなのは、一度飛球線方向にクラブを出してから、その反動でトップまで上げる素振りです。これをやることによって、スイングに勢いが生まれ、深い捻転が体感できます。

実際にボールを打ってもいいのですが、テークバックの際、ボールに当たらないように注意してください。

しゃがんで跳ぶ動きをスイングでもイメージする

POINT
スイングはジャンプの動きと同じ

しゃがんだ状態から、両足を蹴って一気にジャンプ。スイングでいえば切り返しからダウンスイング。下半身だけでなく上体の動きも使いたい

両ヒザを曲げてグッとしゃがみ込む。高くジャンプするためには欠かせない動きだが、スイングでいえばテークバックからトップの動きになる

勢いよく上げるという意識が必要

「反動を利用してクラブを上げましょう」と伝えると、「ゆっくりスタートした方がいいのでは？」という人もいますが、反動は飛ばしに必要です。

例えばジャンプをするとき、直立した状態から上に跳ぶのと、両ヒザをグッと曲げてしゃがんだ状態から跳ぶのとでは、明らかに飛びの高さは変わってきますよね。スイングにもその動きが必要なのです。

もちろん、P76で紹介したように、「飛球線方向に振り出してからテークバックする」という動きは、実際のラウンドではできませんが、クラブを勢いよく上げるという意識でテークバックをすることが大事です。

飛ばしたいと思ったらジャンプのイメージで、ビュンとクラブを上げていきましょう。

高く跳べるように
しっかり準備
これはゴルフにも
通じます

ジャンプの着地は、ゴルフでいえばフィニッシュ。ここで体勢を崩すということは、どこかに問題があるということ。バランス良く着地したい

反動を付けていれば、大きなジャンプができる。スイングでいえば、強いインパクトになるということ。準備不足だと、強くボールを叩けない

返し

飛ばない切り返し × 飛ぶ切り返し 何が違う？

エネルギーをギリギリまでためられるかどうかが大事

飛ばす人とそうでない人との差が最も大きく出るのが、ダウンスイングを含めたトップからの切り返しです。

ポイントは2つあります。

1つ目は、飛ばない人は手首が解けるのが早いこと。ほとんどのアマチュアゴルファーは切り返しのあと、早めに手首を解いてしまいます。しかしこれでは力がたまらず、大きなエネルギーが生まれません。

2つ目は、上半身と下半身の捻転差をキープできないこと。テークバックからトップで大きな捻転差を作れという話をしましたが、切り返しからダウンスイングの早い段階でこの捻転差を解いてしまうと、飛距離が出なくなります。

この2つのポイントについてじっくり説明していきましょう。

我慢ができないと飛距離は出ない

テークバック～トップでエネルギーをためても、その使い方を間違うと、飛距離にはつながらない。キーワードは“我慢”。それができないゴルファーは、いつまで経っても大きな飛距離は獲得できない

右手人差し指の付け根にクラブの圧を感じる

切り返しで
右手人差し指に
クラブの圧が
かかればOK

POINT

切り返しからクラブを引っ張り続ける

切り返しで、右手首はヘッドの重みでヘッド側に折れる。ダウンスイングでは、クラブを引っ張り続けることで、この手首の角度がキープできる。それをやりやすくするために、右手人差し指の付け根に圧を感じよう

折れた手首を自分で元に戻さない

切り返しからダウンスイングでの大きなポイントは、切り返しで折れた右手首を、どれだけキープできるかです。ほとんどのゴルファーは、早い段階で手首が解けてしまい、クラブを引っ張るのではなく、押し出していく形になっています。

実はこの動きに関しては、ヘッドの重みで右手首がヘッド側に倒れているだけ。だから、折れるというのは自然な動きで、こちらが何らかの力を加えなければ、右手首が解けることはありません。

大事なのは、トップからの切り返しで右手人差し指の付け根でクラブの圧を感じることです。そうすれば指がグリップにしっかり引っかかり、ダウンスイングでクラブを引っ張り続けることができます。

OK 指で引っかけて引っ張り続ける

切り返しで右手首がヘッド側に折れるというのは自然な形。ここで右手の指でクラブを引っかける感覚があれば、クラブを引っ張り続けることができ、P28で紹介したデコピンのように、伸張反射が使える

NG 手首の折れを自分で戻してしまう

右手首の折れがキープできないのは、意識的に手首を元に戻そうとするから。ボールにフェースを真っ直ぐ当てたいという思いからこの動きになる人が多いが、手首が解けた時点で飛距離は期待できなくなる

上半身を残し 下半身を先に動かす

インパクトゾーンでは、腰がほぼ正面を向いてくるが、若干ではあるが胸はまだ右を向いたまま。このような上半身の我慢が、大きな飛距離につながる

インパクトでは腰と肩の向きが同じになる。そのあとは、フォロースルー、フィニッシュに向けて腰と肩が同じように回っていけばOK

下半身から動き出せば捻転差はさらに大きくなる

切り返しからダウンスイングでもう1つ大事なのは、テークバックからトップで作った捻転差をできるだけキープし続けることです。

トップでは腰を45度、肩を90~100度回して、捻転差を作りましょうという話をしましたが、この捻転差をすぐに解かないことです。もっといえば、上半身を残したまま下半身を先に動かす。そうすれば、50度前後だった捻転差がさらに大きくなり、より大きなエネルギーが生まれます。

ほとんどのゴルファーはこのようにトップよりも大きい捻転差を作ることができず、それどころか、切り返しと同時に上半身も回り始めてしまうため、ヘッドスピードが上がってこないのです。

バックスイング~トップで腰を45度、肩を90~100度回そう。これによって大きな捻転差が生まれる。これが飛ばしの準備段階となる

切り返しでは、胸を右に向けたまま、先に下半身を動かす。そうすれば、トップで50度前後あった捻転差がさらに大きくなる。この動きが飛ばしにはとても大事

振り遅れの原因

手元は体の正面に置き続ける

下半身リードは振り遅れの原因にはなりません

ハーフウェイダウンでも手元は体の正面から外れていない

インパクト後も手元を体の正面に置いたまま体を回す

ハーフウェイダウンでは、完全に手元が正面から外れている

振り遅れるとフェースが開いたまま当たってスライスに

振り遅れとは手元が体の正面から外れること

「切り返しでは下半身から動き始め、捻転差をさらに大きくしましょう」というレッスンをすると、ゴルファーから、「そうすると振り遅れてしまうのでは？」という質問を受けることがあります。しかし、これは大きな勘違いです。

そもそも〝振り遅れ〟というのは、体の正面から手元が外れることによって生じます。どんなに捻転差が大きくなっても、手元が体の前にあれば振り遅れにはならないのです。

言い換えれば、捻転を深くしても、手元は体の正面に置いておくことが大事だということ。せっかく作った大きな捻転差を無駄にしないためにも、切り返しからダウンスイングでは、手元が体の正面から外れないように意識しましょう。

切り返しから下半身リードの回転がスタート

捻転差が大きくなっているが、手元は体の正面にある

トップでの手元の動き過ぎが、振り遅れの原因に

切り返し直後ですでに手元が遅れ始めている

ンスイング
イング

飛ばないダウン×飛ぶダウンス 何が違う？

ダウンスイングでは解放と減速が必要

ダウンスイングからインパクトにかけては、バックスイングから切り返しで作った捻転差と右手首の折れを、いかに一気に解放できるかに勝負がかかっています。飛ばす人は、エネルギーをためて一気に解放していますが、飛ばない人は、この動きがスムーズにできていないということです。

それともう1つ、飛ばす人と飛ばない人との大きな違いは、インパクト付近での手元の減速にあります。

飛ばす人は、ダウンスイングからインパクト付近で手元にブレーキをかけ、ヘッドが手元を追い越すようにしていますが、飛ばない人は、手元を動かし続けています。

これらの動きについて説明しましょう。

手元を動かし続けることが飛距離ロスにつながる

飛ばない人は、ダウンスイングでの解放と減速ができていないケースがほとんど。特に、インパクト付近で手元の減速ができておらず、手元を動かし続けて飛距離をロスしている人が多い

リストを解放すれば ヘッドが走る

限界まで来たら、左手を離して一気に解放。離した瞬間に、クラブがビュンと走るのが分かる
ビュン！

一気に解放することによってリストも自然と返る。右手はこのデコピンのイメージで動かそう
クラブを使ったデコピンでリストターンを体感しましょう

限界が来たら一気に解放。この動きがあることによって、よりヘッドが走るようになり、飛距離アップにつながる
ビュン！

クラブを解放することによって、手首も自然に返る。リストターンも自然とできるようになる
両手で振るときもデコピンの動きをイメージしながら振ります

ギリギリまでためて一気に解放する

ダウンスイングでは、捻転差とリストの解放が飛ばしのカギを握ります。

特にアマチュアゴルファーが苦手としているのが、リストの解放です。P28でも説明しましたが、デコピンの威力を最大限にするためには、ためにためたエネルギーを一気に解放することがポイントになります。

逆に解放できないまま手元を動かすと、体の回転スピードだけでボールを打つことになり、飛距離は伸びません。

ゴルファーの中には、フェースをいつまでも目標に向けておきたいという気持ちから、解放しないままボールを打つ人がいますが、これが飛ばない原因です。飛ばしたいと思ったら、しっかり解放してヘッドを走らせましょう。

POINT
デコピンの要領でリストを解放する

右手でクラブを持ち、左手でシャフトの真ん中を押さえて右手首の限界までクラブを引っ張り続ける

POINT
スイングでも一気に解放

手元が地面と平行になるくらいまで右手首の角度をキープ。ギリギリのところまで我慢する

ブレーキをかける

左手を外側に回して手元を減速させる

左手を外側に回したことで手元にブレーキが掛かり、インパクトからフォロースルーでヘッドが手元を追い越す。これにより2つ目の振り子が生まれ、ヘッドが走る

このように動かせば、ヘッドが加速するだけでなく、ヘッドが手元を追い越してくれるので、クラブも気持ち良く振り抜けるようになる。この動きを身に付けたい

フォロースルーで左ヒジが引けることもなくなります

手元を減速させれば2つ目の振り子が生まれる

ダウンスイングからインパクトでのもう1つの重要ポイントは、手元の減速です。

なぜインパクト付近で手元にブレーキをかけなければいけないかというと、減速させないとヘッドが手元を追い越さないからです。

これまで何度か言ってきたように、飛ばすためには手首を支点にした振り子が必要なのですが、それを実現してくれるのが、P90の〝解放〟と、この〝減速〟なのです。

では、この減速をどうやって行うか。ハードルが高いと思う人もいるでしょうが、それほど難しいことではありません。動きとしては、左手を外側に回せばいいだけ。そうすれば手元にブレーキがかかり、ヘッドが手元を追い越していきます。

左手1本でクラブを持ち、片手打ちを行う。ダウンスイングではしっかりボールを打つつもりで、手元を加速させながら振り下ろしていく

ヘッドがインパクトゾーンにさしかかった辺り、同時に手元が体の正面に来た辺りで左手を外側に回し始める。そうすれば左手の力が目標とは反対方向にかかり始める

時計回りにクラブを回し手首の動きを覚える

POINT

手元を固定して時計回りに回す

体の正面にヒジを軽く曲げた状態で手元を置き、クラブを時計回りに回す。手元を動かさずにきれいに回せている場合は、左手首をきちんと返している証拠。正しいスイングをしている人はこれが簡単にできる

時計回りで回せれば手首の動きが正しい証拠

ブレーキをかけるときの左手の動きをイメージするときによくやってもらうのが、手元を体の正面に置いて、クラブを時計回りにグルグル動かす動作です。

手元を固定した状態で、クラブで大きな円を描くように回そうとしたとき、自分の左サイドでヘッドが下から上に移動する場面で左手首を外側に回し、左ヒジを畳む動きが必要になってきます。これがブレーキをかける動き。つまり、クラブを時計回りに動かすことができれば、手元の減速もできているということになります。

ヘッドが走らない人はもちろん、インパクトでフェースが開き気味になったり、フォロースルーで左ヒジが引ける人は、クラブをグルグル回すドリルで動きを矯正してください。

OK **左手首が外側に回れば左ヒジもきれいに畳める**

クラブが上昇するとき左手首が外側に回っていれば、手元が減速し、ヘッドが手元を追い越して二重振り子も実現する。また、左ヒジもきれいに畳めて、フォロースルーでもクラブがきれいに振り抜ける

NG **左手が外側に回らないと左ヒジが引けたスイングに**

左手を外側に回さないでそのまま動かすと、ヘッドが手元を追い越さないし、アマチュアゴルファーによく見られる、左ヒジが引けた形になってしまう。このスイングだとフェースが開いたまま当たりやすくなる

ロー

飛ばないフォロー × 飛ぶフォロー 何が違う？

飛ばない人はフォローが止まる

フォロースルーは、打ち終わったあとの動きなので、その良し悪しが飛びに影響することはないと思っている人も多いのではないでしょうか。しかし、その動きを見れば、飛ぶか、飛ばないかがひと目で分かります。

では、その違いはどこにあるのか。それはフォローでクラブが動き続けているか、止まっているかです。

プロのスイングを見ると、フォローでクラブが動き続け、フィニッシュもかなり大きくなっています。一方、アマチュアはというと、途中で動きが止まっている人が多い。ここが大きな違いです。飛ばすためには、動きを止めてはいけないのです。

ここではインパクト後、どういう意識でクラブを振っていけばいいかを教えましょう。

フォローでクラブが減速してはダメ

飛ばない人は、フォロースルーが大人しい人が多い。一方、飛ばす人はフォローでクラブをさらに加速させて、フィニッシュまで振り切っている。フォローでクラブを走らせることも飛ばしには重要だ

自らブレーキをかけないで振り切る

インパクト後も、飛球線方向にクラブが引っ張られるので、その動きを邪魔しないようにする。そうすれば、遠心力が衰えることなく、クラブも走り続ける

自らブレーキをかけなければ、大きなフィニッシュになるはず。フィニッシュが小さい人は、自らの力でブレーキをかけている証拠

力強いフォローを実現するには自らブレーキをかけないように

POINT

遠心力に抗わなければ両腕は真っ直ぐ伸びる

ブレーキをかけなければ大きく振り抜ける

フォロースルーで最も大事なのは、ブレーキをかけないことです。自分はブレーキをかけていないと思っている人でも、ほとんどの人がクラブの動きを止めています。現に、振り切ったフィニッシュになっている人は少ないのですが、それは無意識のうちにブレーキをかけているからです。

もし、ブレーキをかけなければ、クラブは遠心力がかかる方に動きます。つまり、外側に向かって動き続けるということです。それを邪魔しないようにすることが重要なポイントになってきます。

ブレーキをかけなければ、インパクト後、しっかり両腕が伸びるし、フィニッシュでもクラブが背中を叩くぐらい、大きく動くはずです。

テークバックからトップでも遠心力が働いているが、切り返しからダウンスイングではより大きな遠心力が働いて、ヘッドは外方向に動き続けようとする

遠心力を利用しながらインパクト。手元を減速させる動きがあれば、ヘッドが手元を追い越し、ここからも強い遠心力に引っ張られる

遠心力の邪魔をしなければ左ヒザは勝手に伸びる

OK 遠心力を感じながらクラブを振っていく

遠心力を感じながらスイングしていれば、インパクトからフォロースルーにかけて左ヒザは勝手に伸びてくる。だから伸ばそうとしなくてOK。遠心力を働かせることだけを考えてクラブを振っていけばいい

遠心力を
邪魔しない
ことだけを
考えましょう

左ヒザは伸ばすのではなく自然と伸びるもの

インパクトからフォロースルーにかけて、左ヒザが伸びるというのも飛ばすためには必要な動きです。

ただ、これに関しては、自分で伸ばすというよりは、遠心力が働けば勝手に伸びるといった方がいいでしょう。つまり、左ヒザが伸びていれば、遠心力をきちんと使っている証拠になります。

一方、左ヒザが曲がっているということは、遠心力とは逆方向に力をかけていることになるので、クラブの動きにブレーキがかかります。当然のことながら、こうなってしまうと飛距離をロスしてしまいます。

繰り返しになりますが、左ヒザを伸ばす意識はそれほど必要ありません。遠心力の邪魔をしなければいいだけなのです。

NG 左ヒザが曲がるのは余計な力が入っているから

左ヒザが曲がってしまうのは、ボールをしっかり当てようとして入れる必要のない力を入れてしまっているから。現に、素振りでこのような形になっている人はいないはず。スイングするときは、遠心力を生かすことだけを考えて振ろう

フォローを加速させる

インパクトで右手を離して ヘッドを走らせる

右手を離したあとは、左手だけでフィニッシュまで。すでに遠心力が働いているから、左手で振るというよりは、クラブが動く方向に左手を持っていくだけでいい

右手を離した方が当たりがいいという人もいますよ

POINT

インパクト直後に右手を離す

右手を離すタイミングはインパクト直後。離したあと左手だけでフィニッシュまで持っていくつもりで振っていこう。余計な力が入らない分、遠心力が働くので、両手で打つときよりもきれいなスイングになる人もいる

遠心力を邪魔しているのは右手だった

遠心力を感じて大きなフォローを取るためには、必要以上にクラブを強く握らず、腕や肩の力も抜く必要があります。

特に、アマチュアゴルファーに多いのが、右手に力が入っているケース。ここに力が入ると、動きにブレーキがかかり、フォロースルーで腕が真っ直ぐに伸びません。

そんな人にオススメなのが、インパクト直後に右手を離して打つ練習です。

右手を離せば、ブレーキがかからないので、自然と正しいフォローになります。「当たらなかったらどうしよう」と思う人もいるかもしれませんが、ブレーキがかからない分、軌道も安定します。

スイング矯正には最適なドリルなのでやってみてください。

POINT
インパクトまでは
両手でスイング
インパクトまではいつもの通りにスイング。遠心力は感じた方がいいが、特別なことはする必要なし。しっかり振り抜くつもりで振っていこう

インパクト直後に右手を離す。普段のプレーでも、ミスショットをしたとき、思わず右手を離してしまうことがあると思うが、あのときの感じで離せばOK

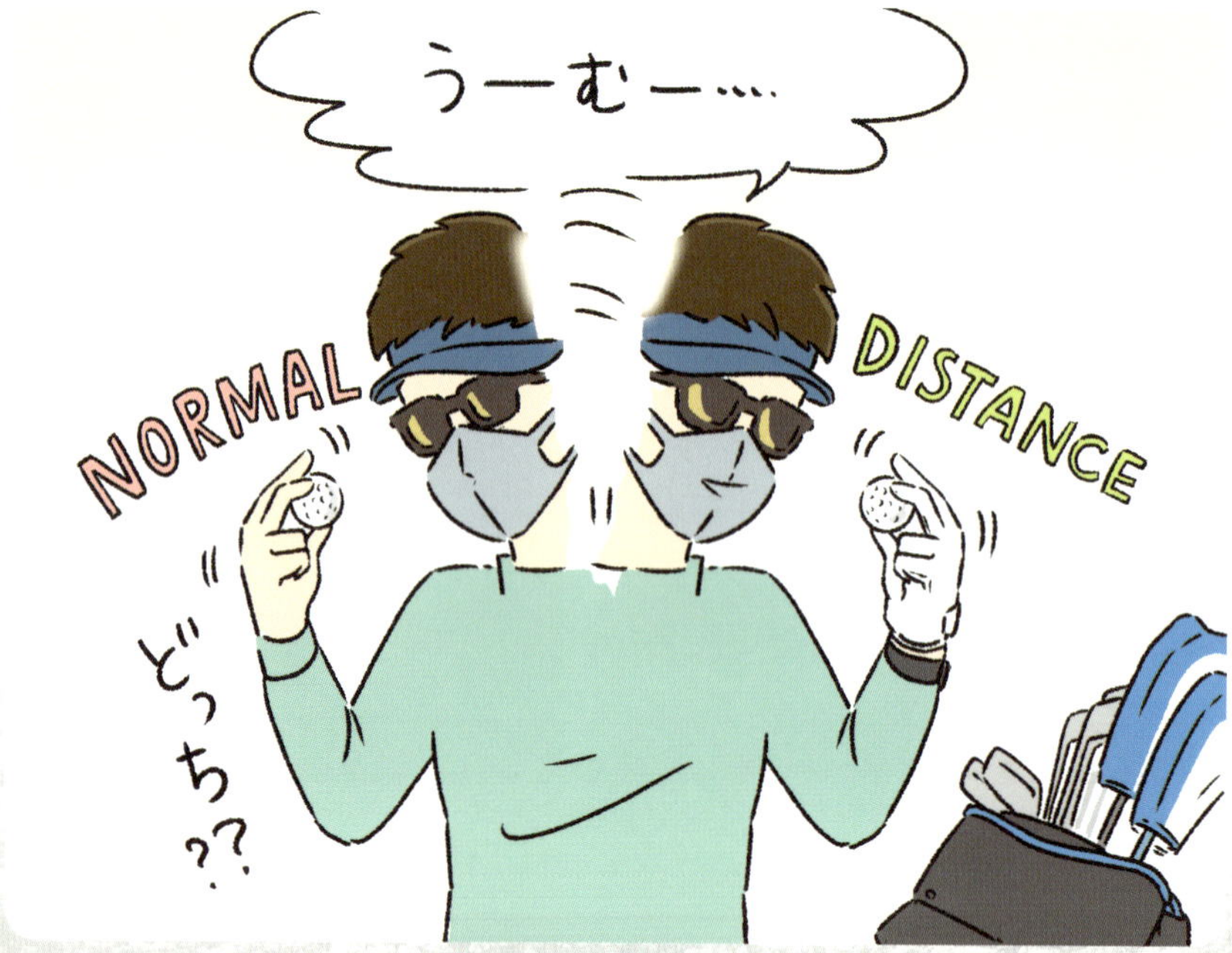

ボールを選ぶ際は飛距離、スピン性能、打感を必ずチェック

ここ数年、プロ、アマを問わず、飛距離が大幅に伸びているわけですが、その要因は、ギアの進化にあります。中でも、ボールの進化は著しく、飛距離性能は驚くほどアップしています。そういう点からいうと、「飛距離を伸ばしたい」と思ったら、ボールは最新のものを使うというのが、最重要ポイントになります。

その中でどのボールを選ぶか？

P174でも触れているように、ボールにはディスタンス系とスピン系がありますが、そもそもそれぞれの基準が明確ではなく、明らかにディスタンス系の飛距離性能が高く、スピン系がアプローチにおけるスピン性能が高いというわけではありません。また、ドライバーの飛距離に関しては、両者に大きな違いはないと、私は思っています。

だから、ボール選びをする際は、実際にコースで使ってみて、飛距離、スピン性能はもちろん、打感、クラブとの相性などを確かめることが大事です。

ちなみに私は、アプローチショットでイメージ通りにスピンがかかるボールを使っています。グリーンで思った通りに止まるか、それともスピンが解けて転がってしまうかは、スコアに大きく影響するからです。

皆さんも、まずは自分の目で確かめてからボールを選ぶようにしてください。

第二章

ドライバーの飛距離アップ術

他のクラブとは異なり、ボールをティーアップして打つドライバーは
ドライバー独自の飛ばし方があります。
この章では、ドライバーの構え方から打ち方までを徹底紹介。
飛ばし方さえ覚えれば、飛距離はグングン伸びるはずです。

で飛ばす！

ドライバーの飛距離アップ術

ドライバーはアッパー軌道

アッパー軌道でボールを高く打ち出す

パターを除いて、クラブの中で最も長く、最もロフトが立っているドライバー。基本的に、ティーアップしたボールを打つというのもドライバーならではといえるでしょう。そのため、他のクラブとは少し違った打ち方をします。

最大の特徴は、アッパー軌道で打つこと。これは、ボールをティーアップしているからということもあるのですが、スイング軌道の最下点を通り過ぎ、上がり際でボールを捉えます。そうすることによって、ボールを高く打ち出せるからです。

また、ドライバーショットでは、大きなスイングアークを意識することも大事です。大きく振れば振るだけ、ボールは遠くへ飛んでくれます。

ティーの高さが極端に高かったり、ボールを置く位置が他のクラブに比べて左足寄りだったり、構えたときに軸をやや右に傾けるのも、すべてはアッパー軌道と大きなスイングアークで打つためです。

ドライバーショット独自の打ち方をしっかり覚えて、大きな飛距離を実現しましょう。

初速、打ち出し角、スピン量が飛ばしの要素

ボール初速を
上げるには
芯に当てることも
大事です

POINT

ボールの初速

ボールの初速（ボールスピード）から飛距離を求める計算式

ボールの初速×4＝飛距離

	ボール初速		飛距離目安
例	50m/s	×4＝	約200ヤード
	60m/s	×4＝	約240ヤード
	70m/s	×4＝	約280ヤード
	80m/s	×4＝	約320ヤード

ボールの初速を上げるには、ヘッドスピードとミート率を高めることが大切

初速に合った打ち出し角やスピン量が必要

皆さんは、「飛びの三原則」をご存じでしょうか。三原則とは、「ボールの初速」、「打ち出し角」、「スピン量」のこと。初速は、ボールが打ち出された瞬間のスピード、打ち出し角はボールが飛び出す角度、スピン量は、ボールに発生するバックスピン量のことをいいます。

少し厄介なのが、この３つの数値が高ければ高いほど飛距離が出るわけではないということ。初速に関しては速ければ速いほどいいのですが、打ち出し角、スピン量は初速に対しての適正な数値があります。理論上は、自分にとって最も速い初速で、それに合った打ち出し角とバックスピン量が得られれば、最大飛距離に近づきます。飛ばすためには弾道測定器で、その数値を見つけることも大事です。

POINT 打ち出し角

ドライバーの理想の打ち出し角度と飛距離の目安

例

ヘッドスピード	打ち出し角度	飛距離目安
37m/s	15.0度	207ヤード
42m/s	13.6度	244ヤード
47m/s	11.8度	280ヤード
53m/s	10.0度	321ヤード

低過ぎても、高過ぎても飛距離はロスする。ヘッドスピードにもよるが、45m/s以上は12〜14度、40m/s前後は14〜18度が目安

POINT スピン量

ドライバーのスピン量の適正値

例

ヘッドスピード	適正スピン量	飛距離目安
37m/s	2,750〜3,000rpm	183〜211ヤード
42m/s	2,500〜2,750rpm	211〜250ヤード
47m/s	2,500〜2,750rpm	250〜272ヤード
53m/s	2,000〜2,500rpm	272〜300ヤード以上

飛距離を最大化させるには適正なスピン量が必要。45m/s以上は2,500〜2,750回転、40m/s前後は2,750〜3,000回転が目安

アッパー軌道で打つために ティーの高さは40ミリ以上に

アッパー軌道で振らないと飛距離は伸びない！

最下点の先でボールを打つことで、打ち出し角が高くなる。また、その方が、バックスピン量が減る。アッパー軌道は飛ばすための絶対条件ともいえる

NG

ティーが低いと球が上がらずキャリーが出ない

アマチュアゴルファーの中には、ボールが隠れるくらいティーが低い人がいるが、低いと上から打ち込むようなスイングになりやすい。その結果、軌道もダウンブローになり、飛ばないだけでなくミスも出やすい

ティーが高ければ
最下点の先で捉えられる

ドライバーはアッパーブローで打った方が飛ぶという話をしました。最大の理由は、上昇する軌道の中でボールを捉えた方が、打ち出し角度が適正になるし、バックスピン量も減少し、大きな飛びが獲得できる〝高弾道、低スピン〟になりやすいからです。つまり、アイアンとは違う軌道になるということ。だから、構えから振り方、イメージまで明確に変えて打つ必要があります。

アッパー軌道で打つために絶対にやってほしいのが、ティーの高さを高くすることです。目安は、40ミリ以上。高くなればなるほど当てるのが難しくなりますが、少なくともヘッドを地面に置いたとき、ボールが半分くらい見える高さに設定しましょう。

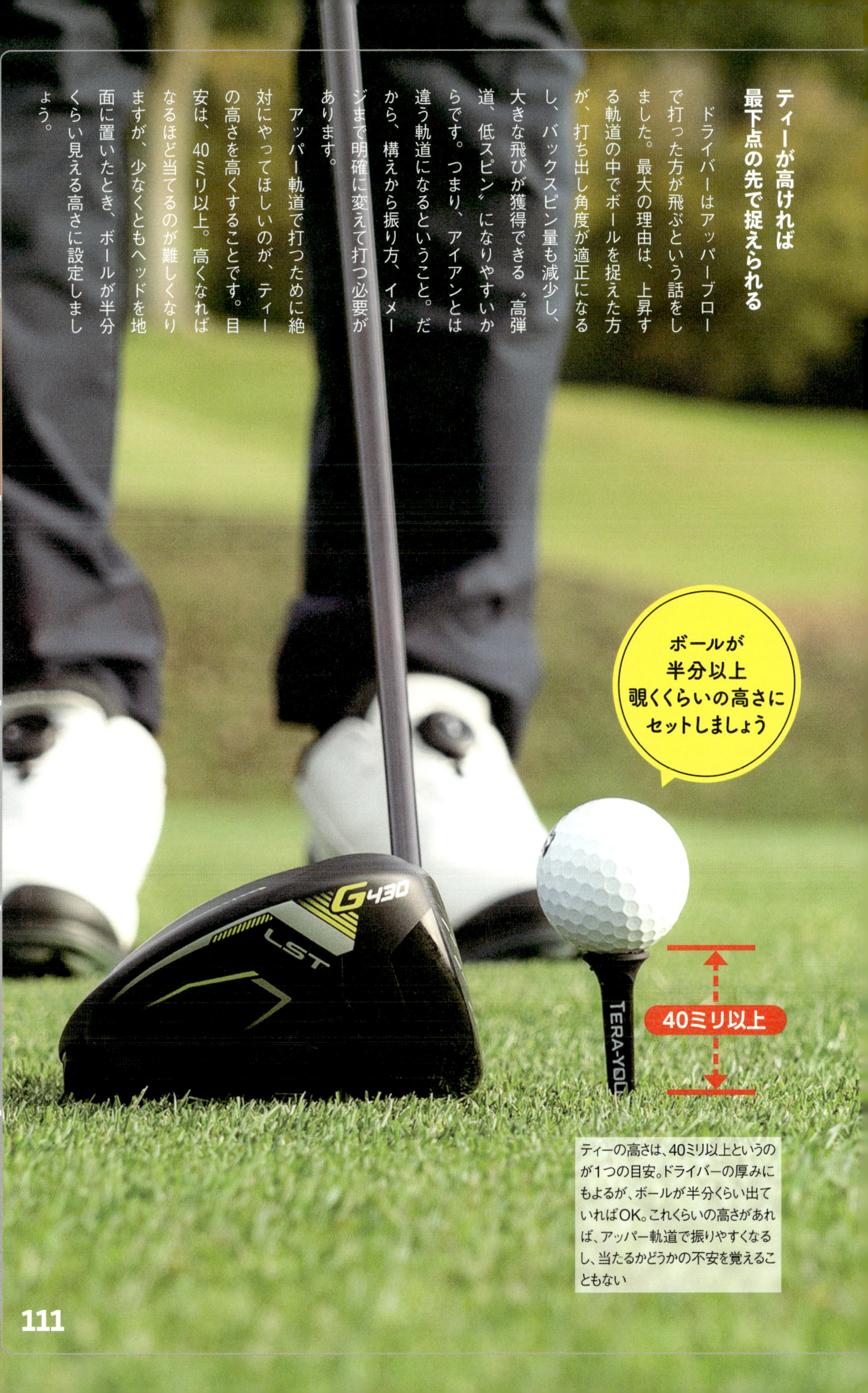
ボールが
半分以上
覗くくらいの高さに
セットしましょう
40ミリ以上
G430
LST

ティーの高さは、40ミリ以上というのが1つの目安。ドライバーの厚みにもよるが、ボールが半分くらい出ていればOK。これくらいの高さがあれば、アッパー軌道で振りやすくなるし、当たるかどうかの不安を覚えることもない

飛ぶボールの位置は左足カカトの内側！

ボールが真ん中寄りだと打ち込むようなスイングに

ボールを真ん中寄りに置くと、最下点付近でボールを捉えることに。また、上から打ち込むようなスイングになりやすい

アッパーで捉えるには左足カカト内側がベスト

アッパー軌道で打つためには、ボールの位置も重要なポイントになってきます。

ボールの位置の基本は、左足カカト内側のライン。ここに置いて、普通にスイングをすれば、体のほぼ真ん中で最下点を迎えたヘッドはその後上昇し、アッパー軌道でボールにぶつかるというわけです。「ドライバーは左足カカト内側」というアドバイスを受けたことがある人も多いと思いますが、実はきちんと理由があったのです。

それに対し、ボールを真ん中寄りに置いてしまうと最下点近くでボールを捉えることになり、球を高く上げることはできなくなります。また、右足寄りに置き過ぎると、打ち込むようなスイングになりやすくなるので注意してください。

POINT

ボールの位置が飛ぶスイングを作る

左足カカト内側にボールをセットできれば、あとは普通にスイングするだけ。特にアッパー軌道を意識しなくても、上昇軌道に入ったところでボールを捉えられる

ドライバーは上半身を右に傾けて構える

OK アッパー軌道になる構えを最初に作る

ドライバーはアッパー軌道で打ちたいので、構えるときに軸を右に傾ける。傾いた軸をスイング中キープすることも大事

下半身は
そのままでOK
上半身だけを
右に傾けましょう

POINT 体の軸が5度10度傾く形に

ヘッドをボールに対してセットしてから上半身を少し右に傾ける。頭の位置も右に移動し、ボールを右から覗き込むような形になる

軸を傾けることでよりアッパーで打てる

アッパー軌道で打つためにもう1つ大事なのは、構えるとき、下半身はそのままで、上半身を右に傾けることです。そうすることによって軸が右に傾くため、構えたときからアッパーに振り抜くイメージが鮮明になり、実際のクラブの軌道もアッパーの度合いが大きくなります。

一方、上体が真っ直ぐで、肩のラインも地面と水平の状態で構えると、スイング軌道も水平になってしまい、高弾道で飛ばすことができなくなります。

アマチュアゴルファーの中には、ボールをきちんと打ちたいという思いが強く、真っ直ぐどころか左に傾いている人もいます。そうならないように、上半身をしっかり右に傾け、右からボールを見られるような構えを作りましょう。

NG 軸を真っ直ぐにすると上から打ちたくなる

体の軸が真っ直ぐだと、左足カカト内側に置いたボールが打ちにくくなるし、構えたときに打ち込むイメージが湧いてしまう

POINT 飛ばすための構えにならない

肩のラインが地面に対して水平になった構えだと、アッパーで打つイメージが湧かない。どちらかというと上から打ち込むようなスイングになるため、飛びにはつながらない

スイングアークをできるだけ大きくする

当てようと
いう意識を
持たないことも
飛ばしのコツです
Admiral

ドライバーはダイナミックに振る

アッパー軌道と並んで飛ばしのポイントになるのが、大きなスイングです。スイングを大きくすることによって、遠心力も大きくなって、ヘッドスピードが上がるからです。

また、大きくしっかり振ることによって、スイング軌道が安定し、ボール初速のアップにつながる“芯で捉える確率”も高くなります。

スイングアークを大きくするためには、スタンス幅を広めにし、テークバックの途中までは腕を真っ直ぐ伸ばし、体重移動を使いながら振っていくことが大事です。また、余計な力を入れないで、スイング中に発生する遠心力を邪魔しないようにすることもポイントになります。

とにかくドライバーは、大きく振ることを心掛けてください。

POINT

ヘッドをできるだけ体の遠くへ持っていく

大きなスイングアークのカギを握るのはテークバック。どれだけ大きく振り出せるかで、その後の動きも決まってくる。できるだけ体の遠くにヘッドを持っていくようにしよう

左腕が曲がるのを
できるだけ我慢する
3

右の肩甲骨が見えるくらい
しっかり体を回す
4

ブレーキをかけないで
遠心力に委ねる
7

自ら止めなければ
大きなフィニッシュになる
8

飛距離の出るドライバーショットのお手本・正面

左足カカト内側に
ボールをセット
1

腕に力を入れず、
体幹を使って上げていく
2

右手首のデコピンを
意識しながら振り下ろす
5

手元を減速させ
ヘッドを走らせる
6

左腕をピンと伸ばしながら
上げていく

切り返しは下半身リード
でスタート

クラブを放り投げる
ように振り抜く

シャフトが首に巻き付く
くらい振り切る

飛距離の出るドライバーショットのお手本・後方

背筋を真っ直ぐ伸ばし、リラックスした状態で構える

大きなスイングアークを意識して始動

胸を右に向けておきできるだけ捻転差を保つ

手首を解放させてヘッドを走らせる

COLUMN

ドローボールが打てるということは飛ばしのスイングができている証拠

上級者になると、ほとんどの人が自分の“持ち球”でコースを攻めていきます。直線的に飛ぶストレートか、やや左に曲がるドローか、それともゆるやかに右に曲がるフェードか。それぞれにメリット、デメリットはありますが、飛距離を出したいと思うならドローボールを覚えた方がいいと思います。

というのも、ドローボールが打てるということは、しっかり腕が振れて、リストターンもできている証拠だからです。つまり、“飛ばし”のスイングで打っていることになります。

また弾道的にも、ドロー回転がかかればスピンが少なくなって向かい風に負けない強い球になりやすいし、着弾してからのランも増えます。

プロや上級者の中にはフェードボールを持ち球にしている人もいますが、一度もドローを覚えずにフェードヒッターになったという人はほとんどいません。誰もがまずドローを覚え、プレーを重ねるうちにフェードも打ち始め、最終的にそれを持ち球にするというケースが一般的です。

スコアメイクのことを考えると、フェードも打てなくてはいけないのですが、それはドローが打てるようになってからで十分。まずはドローを打つ練習をしましょう。

第三章

アイアンの飛距離アップ術

アイアンは基本的に飛ばすためのクラブではありませんが、
飛距離が出る方が2オンの確率が高くなり、スコアメイクが楽になります。
また、飛ぶようになれば、短いクラブでグリーンを狙うこともできます。
ドライバーとは少し異なるアイアンの飛ばし術を教えましょう。

ストで飛ばす！

アイアンの飛距離アップ術

アイアンはハンドファー

ハンドファーストの本当の意味を知ろう

アイアンは、飛距離重視のドライバーと異なり、飛ばすためのクラブではありません。しかし、アイアンも飛ぶのと飛ばないのとでは、スコアメイクをする上で大きく変わってきます。飛ばないよりも飛んだ方が、断然有利です。

では、どのようにして飛ばせばいいのか？ これに関しては、ドライバーと同じようにというわけにはいきません。長くて、しかもティーアップしたボールを打つドライバーと、短くて、基本的に地面にあるボールを打つアイアンとでは、構え方も打ち方も変わってきます。

アイアンの飛ばしのキーワードは、〝ハンドファースト〟です。実はアマチュアゴルファーの多くは、ハンドファーストで打てていません。それどころか、ハンドファーストの意味を理解していない人もいます。ハンドファーストというと、「ボールより手を前に出して打つこと」と思っている人がいるようですが、その答えで十分だとはいえません。ここでは、どうすればハンドファーストで打てるかを、じっくり説明したいと思います。

面を立てて当てるには ハンドファーストの形が必要

OK ハンドファーストなら フェース面が立つ

手元がボールよりも前にあるハンドファーストの形でインパクトできれば、フェース面が立って当たるので、弾道が強くなり、飛距離も出る

遠くへ飛ばすには
面を立てながら
打つことが
絶対条件です

ハンドファーストでないと上に上がって飛ばない

アイアンが飛んでいる人とそうでない人との大きな違いは、インパクトのときのフェース面の向きにあります。飛ぶ人に比べて、飛ばない人のフェース面は、同じロフト角のクラブでも上を向いています。

面が上を向いていると、当然、ボールが上に上がって前に飛びません。そうならないように、アイアンは、面を立てて当てなければいけません。

もっといえば、クラブを地面に対して垂直に置いた時の面の角度よりも、面が立った形で当てるのが正解。そうすると面が前を向くので、弾道が強くなり、飛距離も出ます。

このように面を立てて当てるために必要なのが、手元がボールより前に出た、ハンドファーストのインパクトなのです。

NG ハンドレイトだとボールは上に上がる

手元がボールよりも後ろにあると、フェース面が上を向いてしまいボールは前ではなく上に上がる。これでは大きな飛距離は望めない

第一章 第二章 第三章 第四章 第五章 第六章

シャフトを軸にクラブを反時計回りに回転させていく

インパクトの直前から一気に反時計回りに回転させていく。フェースターンをしっかりしていくことが大切

インパクトでは左手の甲が真っ直ぐ伸び、手元がボールより前に。フェース面もしっかり立っていて飛ばせるインパクトになっている

反時計回りにクラブを回せばしっかり面も立ってくれます

面をかぶせれば手元は自然と前に出る

フェース面を立てるためには、何が必要かを証明していきます。ずばりフェースターンです。まずは面を返していく動作から身に付けてください。

どうやってフェースターンをさせるかというと、クラブを反時計回りに動かせばいいのです。地面にクラブを置いて反時計回りにシャフトを回すと、フェース面は左を向きます。それと同時に、左手の甲が伸び、右手甲側に角度が付きます。これがフェースターンができた状態です。インパクトの直前でフェースターンをしながらボールを包むようなイメージで打てるようになることが、飛ばすために必ず必要になってくる技術なのです。「飛ばない」「スライスする」「芯に当たらない」のは、この動きができていないのが原因です。

捻転差と右手首の角度がキープされたままダウンスイング。この時点では、まだ回転しているだけで、フェースターンはしていない

POINT

反時計回りに動かすとは左手小指の爪を顔に向ける動き

クラブを反時計回りに回転させるとはどういうことか。クラブを正面に持ち、左手小指の爪が自分の顔を向くように手首をクルッと回してみよう。そうすれば両腕はほとんど動かず、クラブだけが回転する。これが「反時計回りに回転させる」動きになるということだ

OK 左手小指の爪を顔に向けることでフェースターンが行われる

クラブを正面に持って左手小指の爪を顔に向けようとすると、左手甲が伸び、右手首が回る。この動きによってフェースターンが実現し、ボールを包み込むようなイメージで打てるようになる

下半身を先に回転させると ハンドファーストの形になる

腰を回せば
フェース面は
スクエアに
戻ります

かぶったままだと面が左を向くので、手元を前に出す。そうすればフェース面はスクエアに

手元を前に出す動きを、腰を回すことによって行う。これが正しいハンドファーストの形だ

腰が回ればボールは左に飛び出さない

クラブを反時計回りに回して一気にフェースターンをさせていくと言いましたが、「そうするとボールが左に飛ぶのでは？」と思うはずです。

確かに、クラブを回すだけだとフェースが左を向くので、ボールは左に飛び出します。しかし、手元を前に出せば、フェース面は目標方向を向きます。

このフェース面を真っ直ぐに向ける動きを、手ではなく下半身でやるのが正しい動きです。

具体的には、ダウンスイングで右足の太モモを内側にグイッと回します。そうすれば、手を動かさなくても、手元は自然と目標方向に移動するはずです。

クラブを反時計回りに回して、腰をしっかり回す。この2つの動きで正しいハンドファーストが生まれるのです。

POINT インパクトで面が立つメカニズムを知ろう

インパクト直前でクラブを反時計回りに回すと、フェースは被った状態になる。しかし、このあと腰を回すことによって手元が前に出てフェース面が立ち、ハンドファーストの形になる。このメカニズムを頭に入れておこう

クラブを正面に持つ。このときフェース面はスクエア。このままボールに当てると飛距離は出ない

フェース面を立てるために、自分から見てクラブを反時計回りに回す。そうするとフェースがかぶってくる

体の回転だけで上げていけば フェースは開かない

OK 45度前後が ナイスショットの分岐点

地面と平行になった時点で、フェースが45度下向きになっているのが理想。ここからもフェースを管理しながら上げていくことが飛びと方向性の安定につながる

NG 開きながら上げていくと 弱いボールの原因になる

45度以上開くとスクエアに戻すのが難しい。球がつかまらないことによる飛距離不足やスライスなどのミスは、フェースの開き過ぎが原因になっている場合が多い

テークバックでのフェースの開きは極力抑える

アイアンショットを真っ直ぐ飛ばして飛距離を獲得するためには、フェースを管理することも大事です。フェースの管理とは、テークバックでフェースが開く方向にクラブをねじらないこと。大きく開くと、インパクトでスクエアに戻すのが難しくなるからです。

重要なチェックポイントになるのが、テークバックでクラブが地面と平行になるとき。この時点で、フェースが45度前後の角度で地面を向いていればOK。これよりも上を向いていると、ダウンスイングからインパクトでは開いて下りてきて、ボールをつかまえられなくなります。

フェースの開きを抑えるためにも、この位置まではフェースをねじらずに体の回転でクラブを上げていきましょう。

POINT

クラブは腕ではなく体幹を使って上げる

構えたときと同じように両腕をしっかり伸ばし、体幹を使ってクラブを上げれば、フェースが大きく開くことはない。飛び、方向性を決める動きになるので、ここで緩まないように

飛距離の出ないカット打ちは肩と腰の捻転差を生むことで治る

インパクトで肩のラインはほぼ飛球線方向。腰は開いているが胸は閉じている

フォロースルーでは飛球線方向にしっかり振り抜いている

クラブがアウトサイドから入ってきて、肩のラインも飛球線に対して左を向いている

左ヒジが引けた詰まったフォロースルーに。これでは飛距離は期待できない

捻転がほどけるから カット打ちになりやすい

アマチュアゴルファーの中には、カット打ちが原因で、飛距離不足に悩んでいる人も多いようです。軌道がアウトサイドインになると、左に引っかかったり、右に飛ぶ弱々しいボールになったりと、飛距離を大きくロスします。

カット打ちになる理由はいくつかあるのですが、よく見かけるのが捻転差をキープしたスイングができていないケースです。トップでの捻転差が不十分で、そこから腰と肩が一緒に回り、右肩が前に出てアウトサイドからクラブが下りてくるというパターンです。

インサイドからクラブが下りるようにするためにも、トップでしっかり捻転差を作り、それをキープしたまま打つように心掛けましょう。

OK　飛距離が出るインサイドからの軌道

トップで腰が45度、肩が90〜100度の捻転差が作れている

ハーフウェイダウンで胸はまだ右を向いていて、インサイドからクラブが下りている

NG　飛距離が出ないアウトサイドからの軌道

腰の回転が中途半端だが、肩も完全に回っておらず捻転差が作れていない

ダウンでは腰と肩が一緒に回り、クラブが体の前に倒れてしまっている

この辺りでコックが完成。
目安は90度
3

切り返しで腰は動くが
上半身は我慢
4

正しくフェースが返り
トゥが上を向く
7

遠心力に任せて
クラブを振り切る
8

飛距離の出るアイアンショットのお手本・正面

アドレスのときから
ハンドファーストに
腕を伸ばしたまま体幹で
クラブを上げていく
右手首のデコピン状態を
キープ
ハンドファーストの形で
インパクト
1
2
5
6

左腕は真っ直ぐだが、
右ヒジは地面に向ける

トップでは左手甲と腕が
真っ直ぐな状態に

左肩口に向かって
振り切る

右足の足裏が見えるくらい
体重を左に移動する

飛距離の出るアイアンショットのお手本・後方

ドライバーに比べて
前傾角度は深め
1

フェース面が45度前後
傾いて地面を向く
2

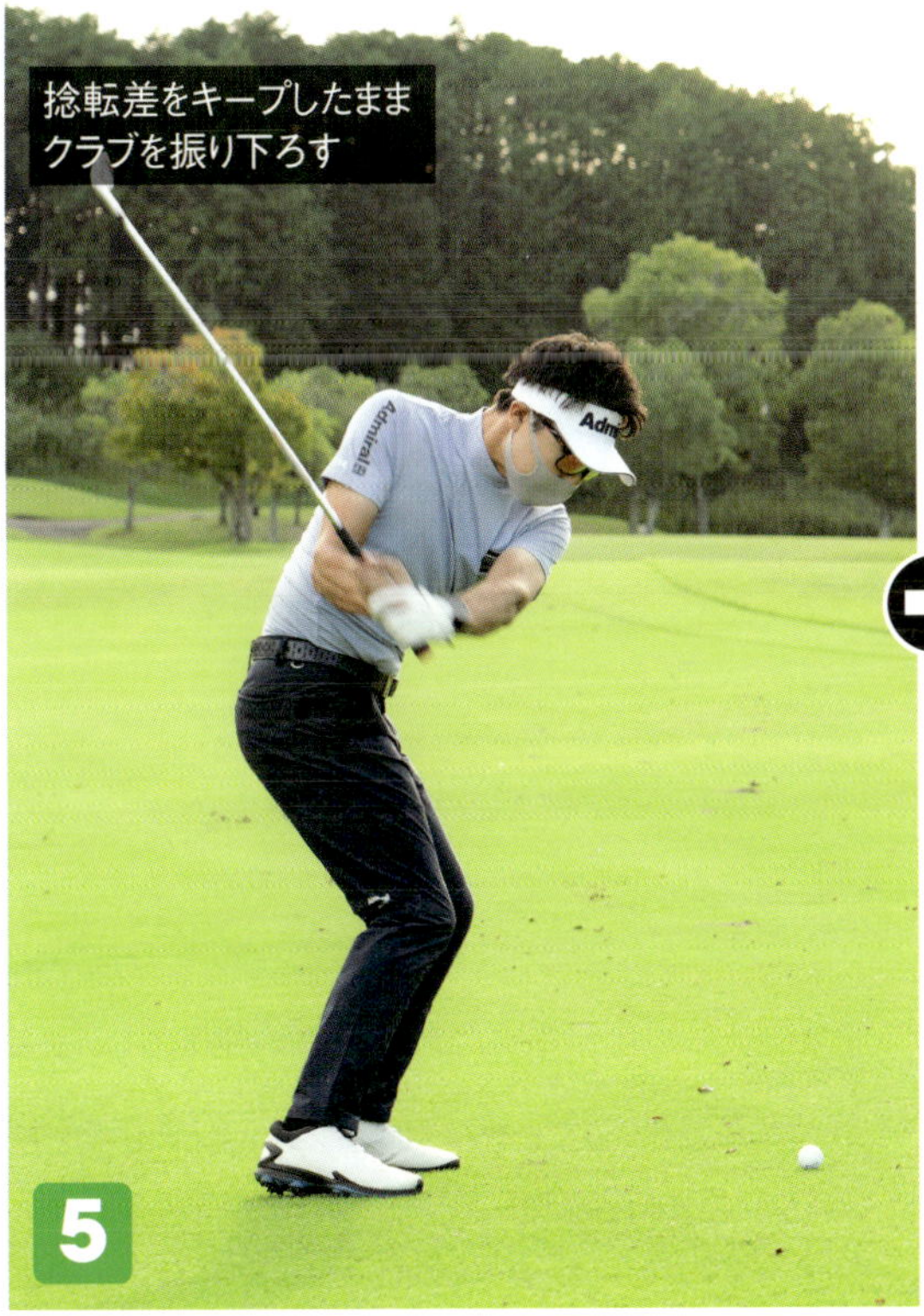
捻転差をキープしたまま
クラブを振り下ろす
5

最下点手前でボールに
コンタクトする
6

COLUMN

アイアンもフルショットでスイングを覚えることが大事

「アイアンはコンパクトなスイングで、タテ距離と方向性を重視して打ちましょう」。そんなアドバイスを受けたことがある人も多いのではないでしょうか。

このアドバイス、確かに一理あります。ドライバーと違って、アイアンはターゲットにボールを運ぶために使うことが多く、飛距離を競うものではないからです。

現に、プロや上級者の中には、アイアンショットのときはバックスイングがコンパクトで、フィニッシュも振り切らずに体の前で止める人がいます。俗にいう、"ライン出し"という打ち方です。

ただ、注意してほしいのは、安定重視のスイングの練習を続けてしまうと、振り切るスイングができなくなって左右に曲がってしまうようになることです。また、「コンパクト＝強振してはいけない」と混同して、インパクトからフォロースルーでスイングが緩んでしまいます。

アイアンは、とにかく飛ばすというクラブではありませんが、しっかり振り切ることが大事です。コンパクトな振り幅で振るコントロールショットを覚えるのは、十分に距離を出せるようになってからでも遅くはありません。アイアンもまずはしっかり振って、距離を出す。飛距離にこだわって練習を続けてください。

第四章

飛ばせる体を作るストレッチ

飛距離アップを図るためには、柔軟性を高めることも大事です。
とはいえ、筋力トレーニングで鋼の肉体を作れというつもりはありません。
飛ばしに必要なのは、体全体のやわらかさ。ここではスイングにおいて重要な、
肩甲骨と股関節の柔軟性を高めるメニューを中心に紹介しましょう。

※ストレッチやエクササイズを行う際は、必ずご自身の体調や体力を考慮してください。
特に腰痛をお持ちの方は、無理をせず、痛みを感じる動作は避けてください。

また、少しずつ体を慣らすことを心掛け、必要に応じて専門家の指導を受けることをオススメします。

安全に配慮しながら、楽しくストレッチ、エクササイズを続けていただければ幸いです。

肩甲骨と股関節の可動域を広げる

四股踏み肩入れ

回数 ▸ 左右10回ずつ
セット ▸ 1〜2回

開脚して股関節を広げる

四股踏みの状態になり、両手をヒザの上辺りに置いて、腰をグッと下げる

逆の肩を入れる。上体をひねったときもツマ先、ヒザの向きが変わらないように

上体をひねりながら肩を中に入れていく。これで肩甲骨と股関節の柔軟性が高まる

足を大きく開き、胸を張り、腰を落としてヒザを曲げる。ヒザの角度は90度。両足のツマ先は45度ほど開き、ヒザとツマ先が同じ方向に向ける。この体勢から、肩を入れると肩甲骨と股関節の柔軟性もアップ。また、左右に揺することによって股関節まわりやお尻まわりもストレッチ効果を期待できる。

OK 胸を張った状態でスタート

胸をしっかり張り、顔を上げて目線を前に置いて行う。姿勢がいいほど肩が入りやすくなる

NG ヒザを曲げたとき背中が丸まらないように

下を向いて、猫背にならないように注意。背中が丸まってしまうと肩甲骨と股関節へのストレッチ効果が得られにくい

POINT 四股踏み姿勢から左右に揺らす

四股踏み姿勢の形から腰が浮かないように左右に揺らす。股関節まわりもストレッチされスムーズな体重移動やスエー防止にも効果が期待できる

肩甲骨と股関節の可動域を広げる

フロントランジツイスト

回数 ▸ 左右10回ずつ
セット ▸ 1〜2回

両手でクラブを持って背中に担ぎ、一方の足を大きく前に踏み出し、踏み出した足と同方向に上体をひねる。股関節の可動域を広げることができる。上体の捻転も大きくなる。

足を前に踏み出して上体をひねる

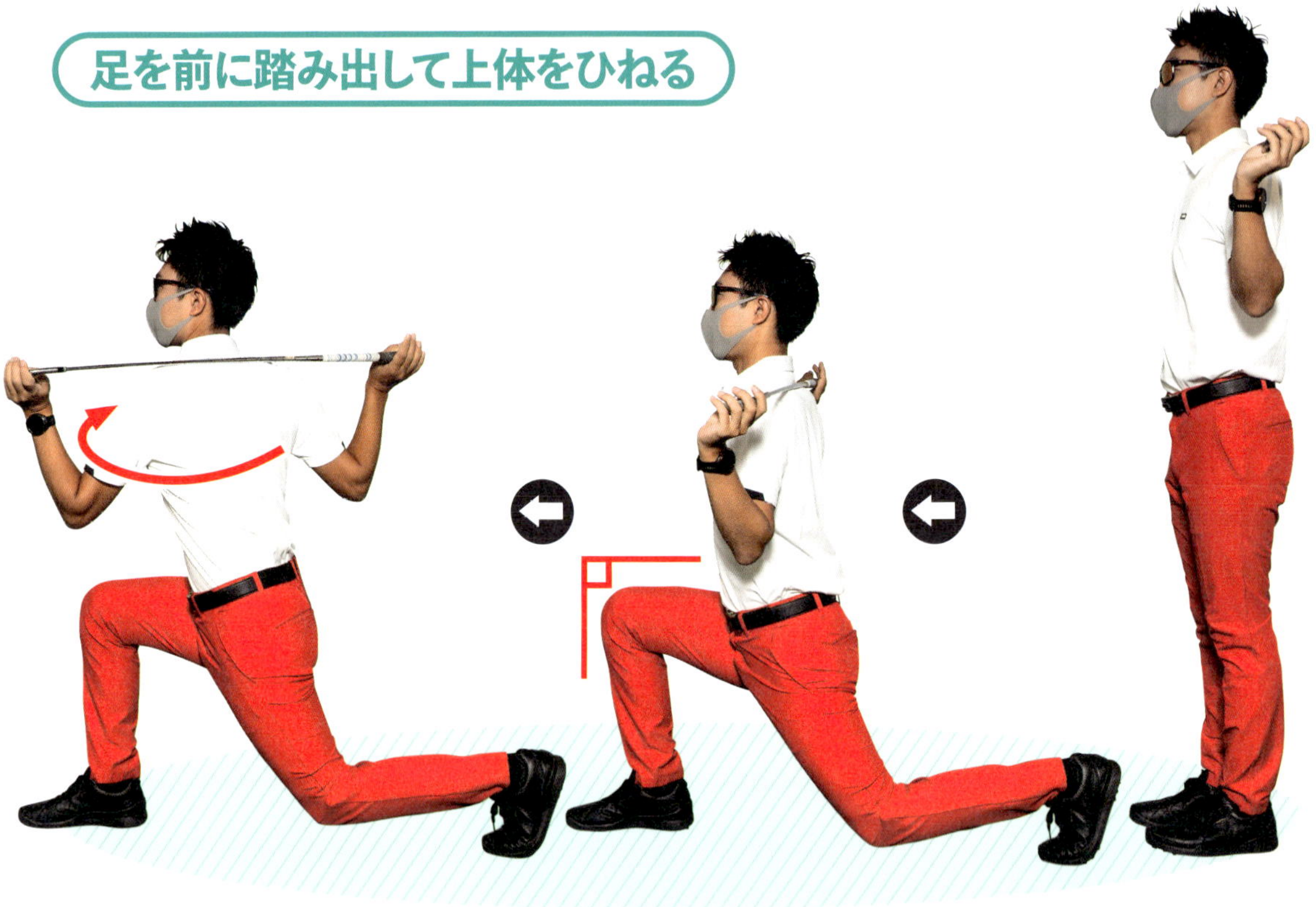

踏み出した足の方に上体をひねる。一度戻って足を替えて同じことをやる

片方の足を大股で踏み出す。出した足の角度が90度になるように

両手でクラブを持って背中に担ぎ、背筋を伸ばして直立した状態からスタート

NG

背筋は伸ばすことが大事
背中が丸まらないように

背中が丸まったり、ヒザが割れないように注意。足を踏み出すときも、体が前に倒れないように、背筋は伸ばしたまま行う

肩甲骨と股関節の柔軟性と可動域を広げる

サイドランジツイスト

回数 ▸ 左右10回ずつ
セット ▸ 1〜2回

両手を下ろした状態でクラブを持ち、スケート選手のように横に踏み出し、バックスイングのように上体をひねる。フロントランジの効果プラス、左右のスエー防止に効果大。

足を横に踏み出して上体をねじる

安定した体勢を作ったら、下半身はそのままで上体をできるだけ大きくひねる

足を横に踏み出し、太モモが地面と平行になるくらいヒザをグッと曲げる

腕を下に下ろし、両手でクラブを持ったところからスタート

NG

足の踏み出し時にヒザが外を向くのはNG

足を踏み出したとき、ヒザが外に向かないように注意。ヒザを内側に向けたまま、足をできるだけ遠くに踏み出そう

股関節の可動域を広げる

股関節まわし

GOLF STRETCH 04

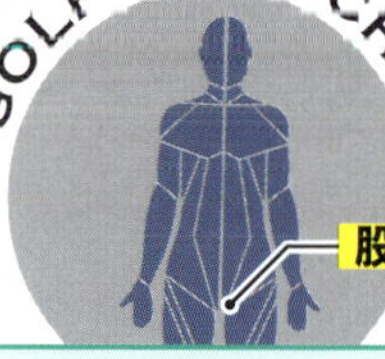

回数 ▸ 左右10回ずつ

セット ▸ 1回

股関節をグルグル回す

クラブを杖代わりにして、両足をそろえて真っ直ぐ立つ。背筋は伸ばす

バランスをキープしながら、片方の足で円を描くように大きく回す

片方の足で5周連続回したら、今度は逆回りで同じように足を回す

後ろ回し

NG

足を回すときバランスが崩れないように

足を回すとき、体が傾かないように注意。足の動きが多少小さくなってもいいので、しっかりバランスを保ちながらやろう

クラブを杖がわりに付いて、股関節を、前から後ろ、後ろから前に回すほか、前後に動かしたり、左右に揺さぶる。股関節の柔軟性を高めるほか、ケガ防止にも役立つ。練習やラウンド前にやれば、腰のキレがよくなり、飛距離アップにもつながる。

足を前後に振る

後ろに伸ばしたら、その反動を使って前に振り出す。これを数回繰り返す

次に後ろに振る。ヒザをできるだけ伸ばすのがポイント。バランスキープで

クラブを杖代わりにするのは同じだが、今度は前後に振る。まずは前に振り出す

足を左右に振る

限界まで振ったら、逆方向に振る。振り子のように一定のリズムで振ろう

足を横方向に振り出す。まずは振る方の足の逆サイドに振り出す

スタートの姿勢は、股関節を回したときと同じ。背筋を伸ばして直立する

肩甲骨の柔軟性を高める

肩甲骨ほぐし

回数 ▸ 10回

セット ▸ 1回

両手でクラブを持ってバーベルのように持ち上げ、そのクラブを背中側に落とす。肩甲骨が上下に動き、肩甲骨の柔軟性が高まる。バックスイングしやすくなり、捻転も大きくなる。

両手でクラブを持ち上げ背中に落とす

NG

背中を反ると腰を痛める

クラブを背中に落とそうとして、背中が反ってしまう人がいるが、これだと腰を痛める。背中は真っ直ぐ伸ばしておこう

上げたクラブを背中側に落とす。このとき背筋は真っ直ぐ伸ばしておこう

両手でクラブを持って、重量上げの選手のようにクラブを高々と掲げる

POINT **体が硬い人でも長いクラブを使えばできる**

クラブを背中に落とせない人はドライバーなど長めのクラブか、タオルを使おう

肩甲骨と胸椎の柔軟性を高める

立ち前屈

回数 ▸ 10回
セット ▸ 1回

足幅を少し広めにして立ち、両手を後ろに組んでそのまま前屈。組んだ両手を上に上げる。肩甲骨と股関節の柔軟性を高めるメニューで、両足をしっかり伸ばすのがポイント。

後ろで組んだ両手を上に上げる

POINT 後ろに上げた両手を左右に揺さぶる

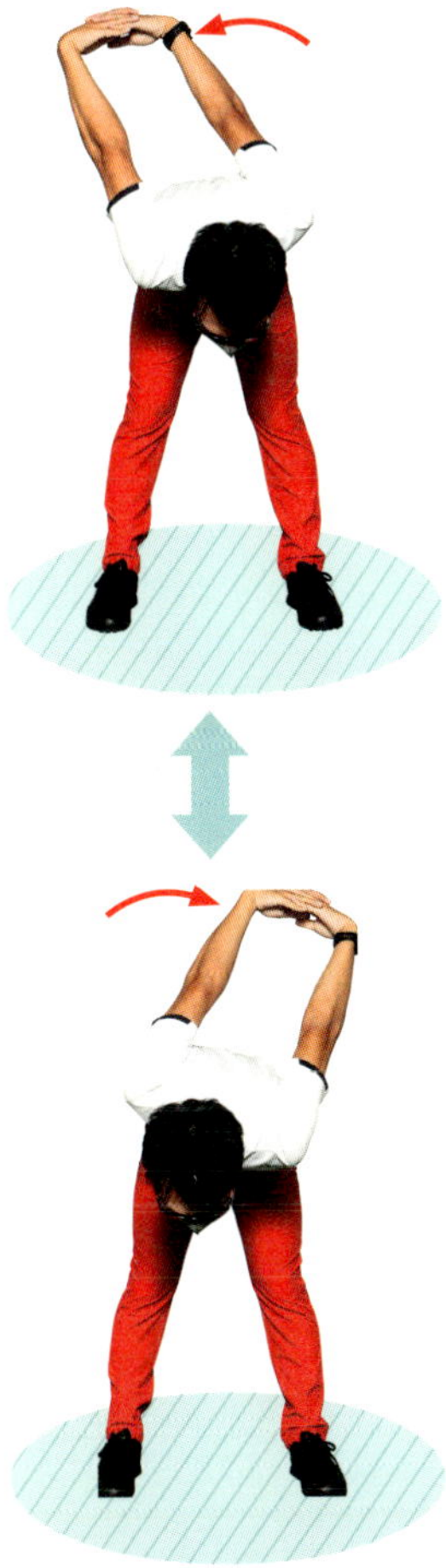

組んだ両手を左右に揺らすと、肩甲骨がさらに柔らかくなる。前後に揺らしてもいい

上体が地面と平行になるくらいまでしっかり前屈。組んだ両手はできるだけ高く上げる

背筋を伸ばして直立し、後ろで両手を組む。この体勢から前屈をスタート

肩甲骨と体の柔軟性を高める

ショルダーターン

回数 ▸ 左右10回
セット ▸ 1回

足幅を少し広めにして立ち、両手でクラブを挟んで捻転。肩が逆側の足の上までくるぐらい大きくひねる。捻転不足の人にオススメ。お腹や胸が伸ばされている感じがすればOK。

両手でクラブを挟んで大きくねじる

右サイドにひねったときは、左肩を右足の上に乗せるイメージで

両手でクラブを挟み、ここから手を高く上げながら体をしっかりひねっていく

左サイドにひねったときは、右肩を左足の上に乗せるイメージで

NG

手が上がっていなかったり腕が曲がっていてはダメ

手を高く上げながら体をひねるのがこのメニューのポイント。手が下がっていたり、腕が曲がっていると効果が半減する

第一章
第二章
第三章
第四章
第五章
第六章

肩甲骨の柔軟性を高める

腕旋回

回数 ▸ 左右10回
セット ▸ 1回

足を広めに開いて両手を横に広げて立ち、片方の腕を下へ、もう一方の腕を上に旋回させるように上げる。これで捻転力アップ。伸ばした腕が12時と6時を指すようにしよう。

両腕を上下に旋回させる

腕を伸ばしたまま上下を入れ替える。腕をプロペラのように回そう

左腕を下に、右腕を上に上げる。顔は上げた手の方を見るような感じで

足幅は肩幅より少し広め。両手を横に真っ直ぐ伸ばして立つ

POINT 下の手が地面に付かなくてもOK

理想は片方の手を地面に付ける形だが、体が硬い場合は付かなくても可

NG

ヒザを曲げないように伸ばしておこう

下に下ろした方の手を地面に付けようとしてヒザを曲げる人がいるが、これはダメ。両ヒザはしっかり伸ばしておこう

股関節の柔軟性を高める、体幹&腸腰筋にも効く

腰掛けヒザ伸ばし

回数 ▸ 10回
セット ▸ 1回

イスに腰掛け、背もたれに背中がつかない程度に体を倒し、両足を胸の方に引き上げ、その足を前に伸ばす。股関節を収縮させるストレッチエクササイズ。体幹、腸腰筋も鍛えられる。

太ももを胸につけるようにヒザを曲げて伸ばす

イス（ベンチやカートのシートでもOK）に浅めに腰掛ける

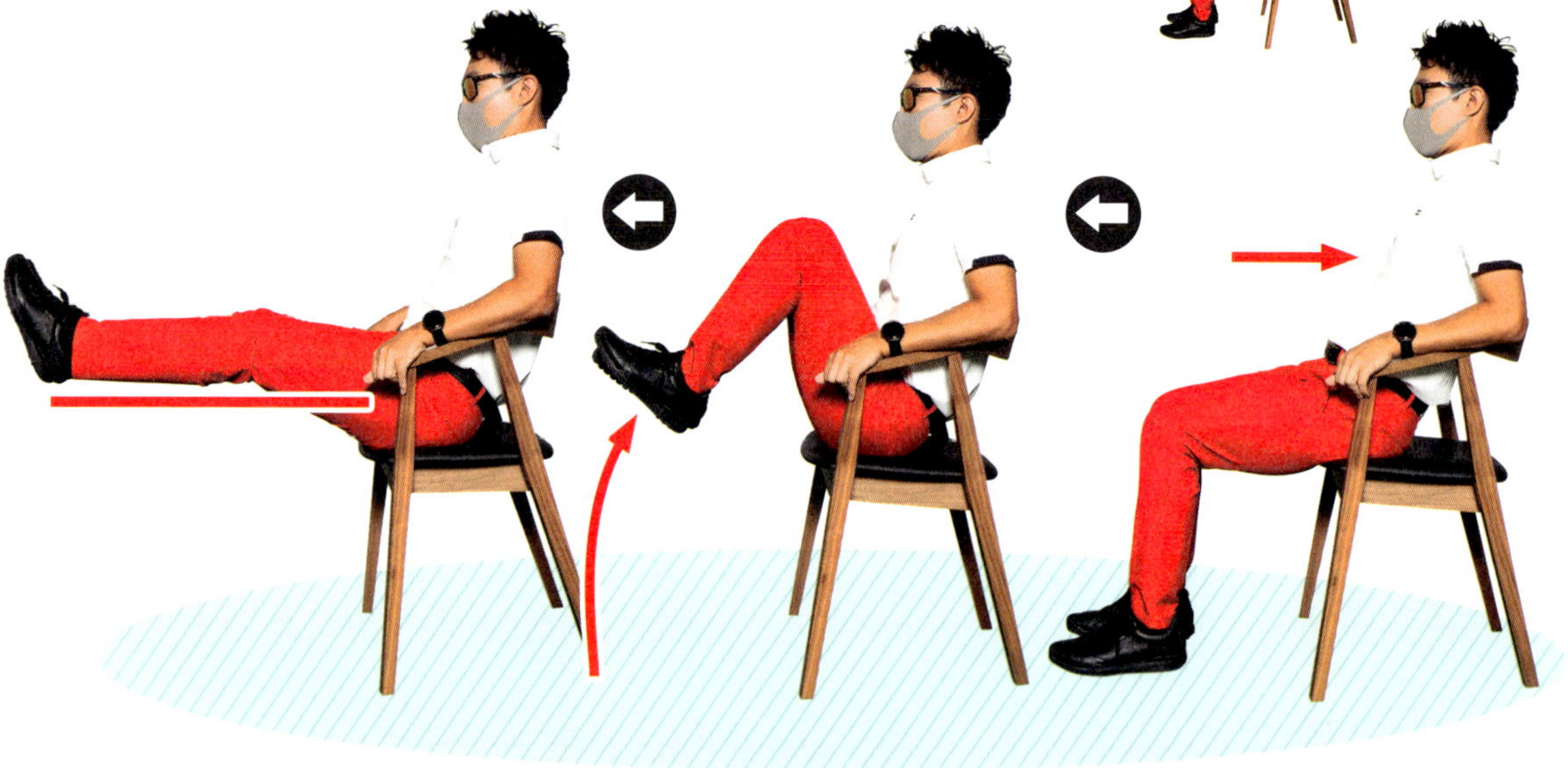

曲げた足を真っ直ぐ伸ばす。このとき両足は地面と平行にするのが理想

ヒザを上げて、胸の方に引きつける。太モモを胸に付けるようなイメージで

背筋を伸ばしたまま、背もたれに体が付かない程度に上体を後ろに傾ける

NG

背もたれに寄りかからない

上体を後方に倒すとき、背もたれに寄りかかるような形にならないこと。背中と背もたれとの間をこぶし1個分程度空けておく

股関節の柔軟性を高める、太モモの外側に効く

腰掛け前屈

回数 ▸ 10回
セット ▸ 1回

浅めに腰を掛け、両腕をクロスして胸に付け、片方の足をもう一方の足の上に乗せて、上体をゆっくり前に傾ける。股関節や太モモの外側に効き、下半身の安定に役立つ。

片足を組んで前屈する

イスに浅めに腰掛け、背筋を真っ直ぐ伸ばし、体の力は抜いておく

胸を上げた足のふくらはぎ辺りに付けるイメージでゆっくり前に傾ける

両手をクロスして胸に付け、片方の足を、もう一方の足の太モモに乗せる

NG

上体を丸めた形で胸を付けにいかないように

頭が下がって背中が丸まったり、ヒザが高く上がらないように注意。頭を下げず、胸を開いた状態で前に倒していく

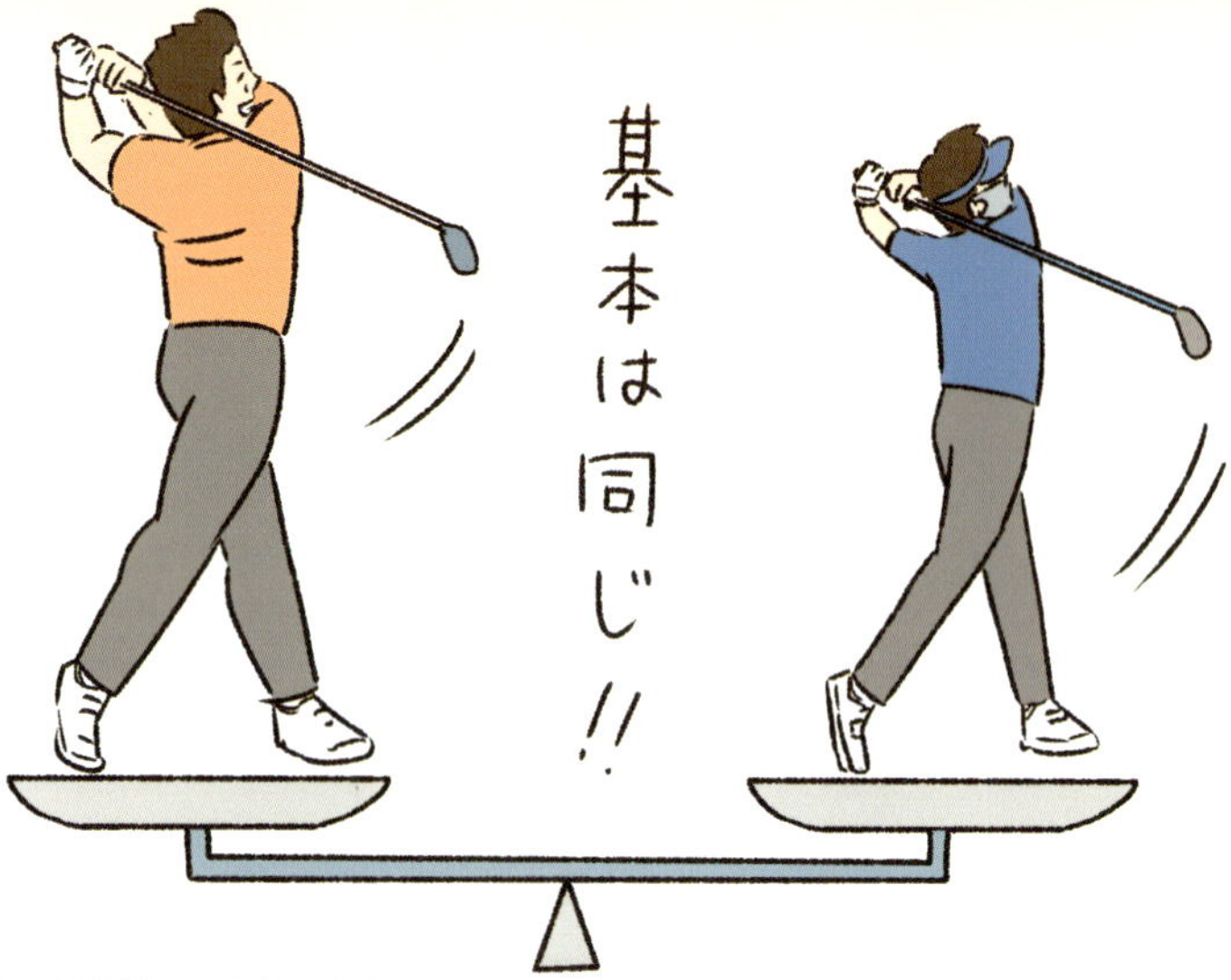

飛ばしの達人“ドラコンプロ”
そのスイングは一見の価値あり

飛ばすことに命を懸けている“ドラコンプロ”なるゴルファーがいるのをご存じですか？　飛距離を競う大会も国内外で行われていて、日本のチャンピオンともなると、男子は400ヤード、女子は300ヤードを軽々と越えていきます。

その圧倒的な飛びとスイングを見て、「自分には参考にならない」と感じる人もいると思いますが、そんなことはありません。ここまで説明した基本の動きをよりパワフルにした形でスイングしているように、私には見えます。当人たちが「基本」という概念を持っていない場合はあると思いますが、より速くより強く振ろうとした結果、自然と体とクラブを効率的に動かすことに繋がっていると考えます。スコアを競うプロゴルファーのスイングを参考にするのももちろん良いですが、最大飛距離に特化したドラコンプロのスイングを参考にするのはとても良いということです。

また、プロが自分に合うクラブのチューニングにこだわっているという点も、参考にするべきだと思います。春、夏に国内でもドラコン大会が開催されています。私も大会に参加したことがありますが、とても楽しい雰囲気で盛り上がっています。選手たちがどんな練習、どんなスイングをしているのかを見るのもいいかもしれません。

第五章

飛距離アップ練習法

最大飛距離を出せるようになるためには、効率的な正しい練習が必要です。
練習方法が間違っていては、せっかくの努力と時間とお金がムダになりかねません。
ここでは自主練習で誰でも簡単にできて、実際のレッスンでも使っている
練習ドリルをご紹介します。すべて試し、やり続けてみてください。

片手回しドリル

手首を支点にして体の横でドライバーをクルクル回す

ダウンでは右手首の動きが重要

ドライバーを右手1本で持ち、手元を支点に円を描くようにクラブを回す

手首の正しい使い方が自然と身に付く

ヘッドスピードを上げるためには、手首の使い方が大事です。ゴルフのスイングは、体の正面で、クラブで大きな円を描く動きと同じですが、円を描くためには、いかに手首を柔らかく使えるかどうかがポイントになってきます。

その手首の使い方を覚えるのにオススメなのが、片手でクラブを持ち、体の横でグルグル回すドリルです。

クラブを少し持ち上げるような感じで持ち、手元の位置はできるだけ固定して、手元を中心にして円を描くようにクルクル回します。

手首の正しい動かし方が身に付くだけでなく、手首の柔軟性がアップし、手首の可動域が広がります。慣れてきたら、回すスピードを上げていきましょう。

インパクト付近では左手首の動きが重要

右手と同じように左手でも回す。手元の減速の動きなどが自然と覚えられる

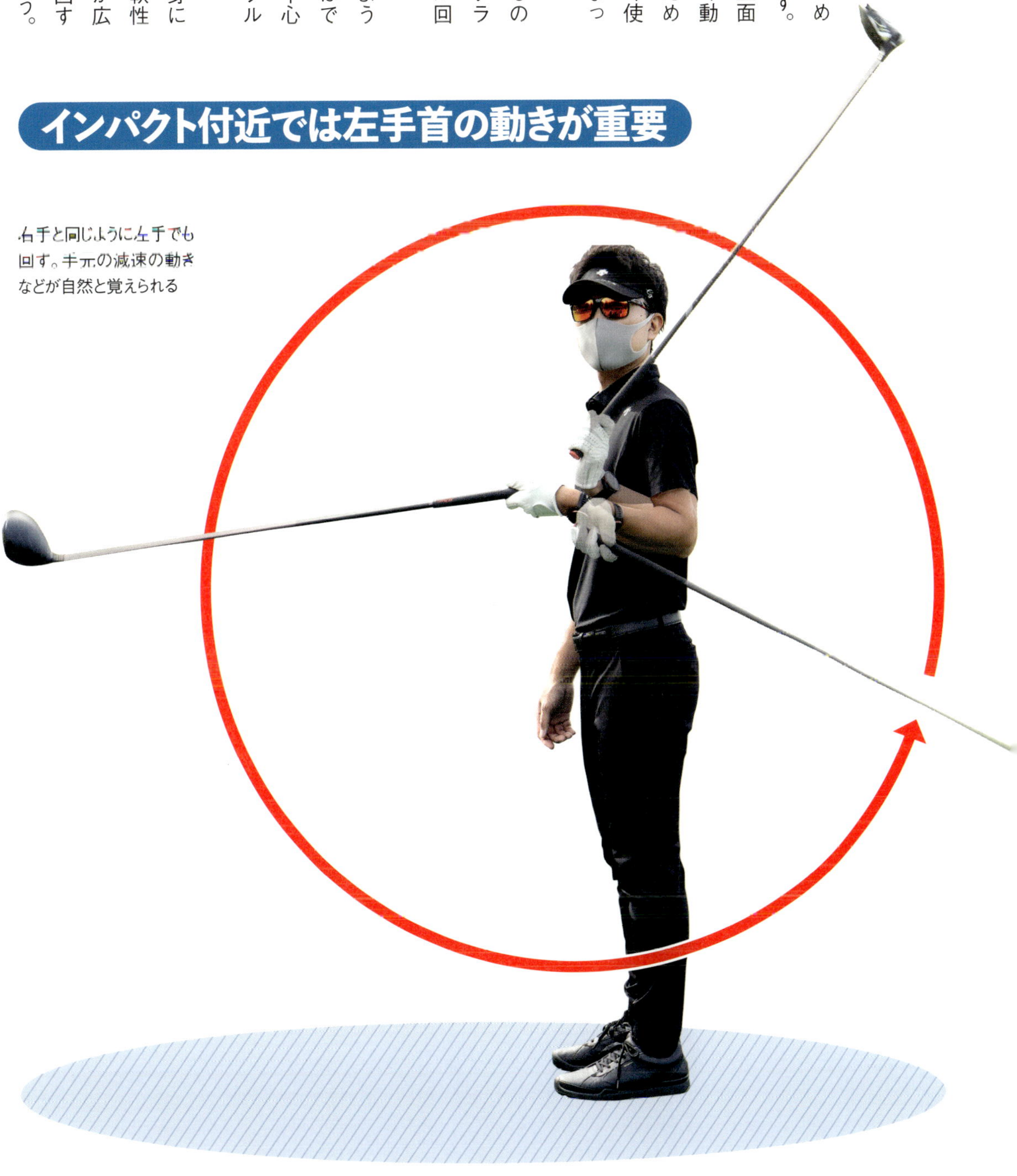

ドライバーを逆さに持って ビュンビュン振る

インパクト付近の手元の減速やリストターンは通常のスイング通りに行う

しっかりフィニッシュまで振り切ったら、反動を使ってすぐにクラブを戻し始める

ここでもスピードを緩めず、トップの位置まで持っていく

トップまでいったら、ここまでの反動を利用してすぐに振り始める

速く振る動きが体感できる

スイングのスピードを上げるためには、〝速く振る〟という動きを体感しておく必要があります。遅いスピードが体に染みついていると、そのスピードでしか振れなくなるからです。

速いスピードを体感するためには、クラブより軽い棒を振るのが一番です。

オススメは、ドライバーを逆さまに持って横に振るドリル。下半身はベタ足で、それほど大きく動かさなくてもいいのですが、上半身はしっかりねじって勢いが付くようにしましょう。

この横素振りを連続で行います。ポイントは、クラブを戻すときも、フォロー方向に振るときに負けないくらい速く振ること。左右にビュンビュン振り続けることで、〝速く振る感覚〟が身に付きます。

速く振る感覚を身に付ける

下半身はそれほど大きく動かさなくていいが、上半身はしっかりねじる

クラブを地面と平行にしたまま、スピードが上がるように振っていく

戻しのときも最速スピードを目指して、クラブを加速させる

最初のテークバックのときよりクラブは加速しているはず

2本素振りドリル

アイアンを2本持って遠心力を感じながら振る

ダウンスイング～フォロースルーでもしっかり遠心力を感じながら振っていく。力を入れなくてもヘッドは走ってくれる

フォロースルーでもクラブが行きたい方向に動かす。クラブの動きを邪魔しない方が、遠心力は大きくなる

重いものを振れば遠心力が感じられる

飛距離アップに必要な遠心力は、速く振れば振るほど大きくなりますが、遠心力を感じながらクラブを振るということも、その力を最大限に生かすためには必要です。

アマチュアゴルファーの中には、自分の力でクラブを動かそうとして、遠心力の働きを自ら阻害しているケースもよく見られます。そうならないように、普段から遠心力を感じながらスイングする練習をしておきましょう。

ドリルとしてオススメなのは、アイアンを2本持って行う素振りです。

例えば、7番と8番アイアンを持って素振りをする。そうすれば、振る物体が重くなるので、遠心力を感じながら振ることができるようになります。

クラブにかかる遠心力を実感する

アイアン2本を持って素振り。重いので、少し飛球線方向に振り出してから、反動を使ってテークバックをスタートする

トップでバランスを崩さないように。また、切り返しは、無理にクラブを下ろすのではなく、クラブの力に任せる

左手1本でクラブを振って左手の減速を覚える

インパクト付近で左手を外側に回しながら手首を返していく。左腕が体から離れないように右手でしっかり押さえておく

フォロースルーで体がターゲット方向を向くときには、左手首は完全に返った状態に。実際のスイングでもこの動きになるようにする

右手で左ヒジを押さえるのがポイント

ヘッドを走らせるためには、インパクト付近で、左手を外側に回すことによって手元を減速させる動きが必要です。そのときの左手首の動かし方を覚えるのが、「片手素振り」です。

クラブを逆さまにして、左手1本でクラブを持ち、右手で左ヒジの辺りを押さえてクラブを振りましょう。

右手で左ヒジを押さえるのは、そうしないとインパクトからフォローで左腕が体から離れてしまい、手首の返しの練習にならないから。しっかり押さえて上腕の動きをセーブし、左手首の動きでフェースを返しましょう。

このドリルをやることによって、ヘッドの走りが実感できるはず。飛ばしには欠かせない動きなので、このドリルで左手首の使い方を覚えてください。

左手首の返し方が分かる

左手1本でドライバーを逆さまに持ち、右手で左手のヒジの辺りを押さえて左手だけでクラブを振る

ダウンスイングでは、早い段階でコックが解けないように、左手首のコックをキープしたままクラブを振り下ろす

ヒザ伸ばしドリル

タイミング良く 左ヒザを伸ばして打つ

スイングをスタートするタイミングで、右足、左足ともジャンプするようなイメージで地面を蹴る

地面を蹴ることで左ヒザが伸び、体重移動もスムーズに行われる。あとはクラブの動きを止めずに左に振り抜いていくだけ
速く伸ばす！

インパクトの直前で左ヒザは一気に伸ばす

下半身の力をボールに伝えるためには、ダウンスイングからインパクト付近まで曲がっていた左ヒザを一気に伸ばす動きが必要です。これに関しては、遠心力を使っていれば勝手に伸びるわけですが、伸びるタイミングを知っておくことが大事です。

そのタイミングを覚えられるのが、このドリル。ダウンスイングの途中、腕が地面と平行になった辺りで動きを一度止め、ここから振り出すと同時に、曲がっていた左ヒザを一気に伸ばします。

左足だけでなく、右足も一緒に地面を蹴るように動かすと、左ヒザが伸びると同時に、ヘッドも一気に加速します。

このドリルをやることで、右から左への体重移動もスムーズになります。

左ヒザを伸ばすタイミングを覚える

ダウンスイングで腕が地面の平行になった辺りで、スイングを一度止める。最初から、この位置からスタートしても可

一般的な体力があれば誰でも260ヤードは飛ばせる！

一般的に、男性アマチュアゴルファーの平均飛距離は 220〜230ヤード前後。これは、フェアウェイの真ん中に設置されている吹き流しのあたりの距離です。まずは、この平均飛距離を安定して出せるようになることを目標にしましょう。そして、最終的には 260ヤード以上を目指しましょう。「プラス30ヤードは厳しい、260ヤードなんて到底無理」と思う方もいるでしょう。しかし、私のレッスン経験から言わせていただくと、一般的な体力があれば誰でも到達可能な飛距離だと考えています。

その証拠に、小柄で細身の女性プロゴルファーでも 250ヤード以上をコンスタントに飛ばしている例はたくさんあります。彼女たちは決して体が大きいわけではなく、特別な筋力があるわけでもありません。それでも飛ばせるのは、正しい体の使い方と振り方を身につけているからです。つまり、ゴルフはパワーだけではなく、技術と効率的なスイングが飛距離アップの鍵になるということです。

「自分には無理だ」と決めつけずに、少しずつでもいいのでスイングの改善に取り組んでください。ちょっとした意識の変化や練習の工夫で、飛距離は確実に伸びていきます。あなたのポテンシャルは、まだまだ引き出せるはず。一緒に頑張りましょう！

第六章

飛距離アップに欠かせないゴルフギア

道具の良し悪しも飛距離に大きな影響を与えます。どんな道具を使うべきか？
最も重要なのは、クラブであれボールであれ、自分に合ったものを使うこと。
飛距離アップを求めるのなら、ギアの基礎知識を頭に入れることも大事。
ここでは、クラブ選びに必要となるいくつかのポイントを紹介しましょう。

ヘッドのロフト角、シャフトの長さ、硬さ、重さは最重要！

POINT

ドライバーで飛ばすにはある程度のロフト角が必要

ロフト角が大きいと球は上がり、小さいと前に飛ぶ。ただし、ドライバーはある程度球が上がらないと飛ばないので、ヘッドスピードが遅い人は、ロフト角のあるモデルを使おう

ギアを知ることが飛距離アップにもつながる

飛距離を伸ばすためには、クラブの構造を理解しておくことも大事です。特に、ヘッドのロフト角、シャフトの長さ、硬さ、重さは、クラブ選びにおいて重要なポイントになるので頭に入れておきましょう。

例えばドライバーの場合、ロフト角は9～11度、シャフトの長さは44～46インチ、硬さL～X、重さ40～70gのものがあり、その中から自分に合うものを選ぶ必要があります。

気をつけなければいけないのは、ロフト角や硬さは数値基準がメーカーによって若干異なること。だから、クラブを購入する際は、それぞれの数値を目安にクラブを選んだあと、必ず試打を行い、弾道計測器で実際の飛距離をチェックすることをオススメします。

長さ

POINT **最も長い46インチがオススメ**

ドライバーのシャフトの長さは44～46インチが一般的。長さは、46インチまでという規制が設けられているが、規制があることからも分かるように、長い方が飛距離は出る。飛ばしたいなら長いモデルを使おう

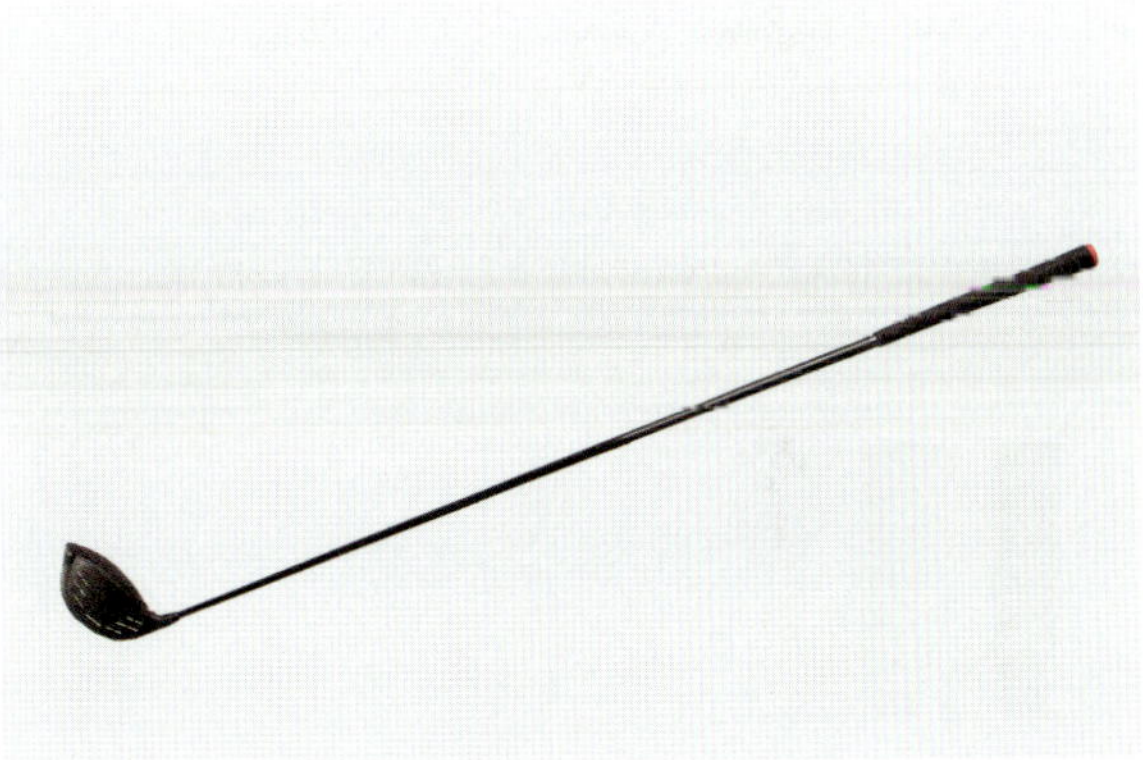

硬さ

POINT **一般男性に合うのはRかSR**

シャフトのしなり具合を決めるのが硬さ。L(レディース)、A(アベレージ)、R(レギュラー)、SR(スティッフ&レギュラー)、S(スティッフ)、X(エクストラ)に分かれていて、一般男性にはR、少し力のある男性にはSR、Sが向いている

重さ

POINT **シャフトが軽いとヘッドスピードが上がる**

ドライバーは40～70g台があり、一般男性には50、60g台、一般女性には30、40g台がオススメ。シャフトが軽いとヘッドスピードは上がるが、軽過ぎると振り子のように振れなくなるので、適度な重さが必要だ

第一章
第二章
第三章
第四章
第五章
第六章

飛びの指標となるスピンロフトに注目

POINT ダイナミックロフトから入射角を引いた値がスピンロフト

厳密に言うと、3次元的な角度差だが、一般的には、ダイナミックロフトから入射角を引いた値が使われる。スピンロフトが大きくなると、ボールがクラブフェースから離れるスピードが遅くなり、クラブからボールへのエネルギー伝達効率が低下し、飛距離も低下する。一方、スピンロフトが小さくなると、ボールがより速くクラブフェースから離れるため、エネルギー伝達の効率が上がり、飛距離が伸びる。基本的には、スピンロフトが小さい方が飛距離は伸びるが、球が上がりにくい、ヘッドスピードが遅い人は、ある程度のスピンロフトが必要になってくる

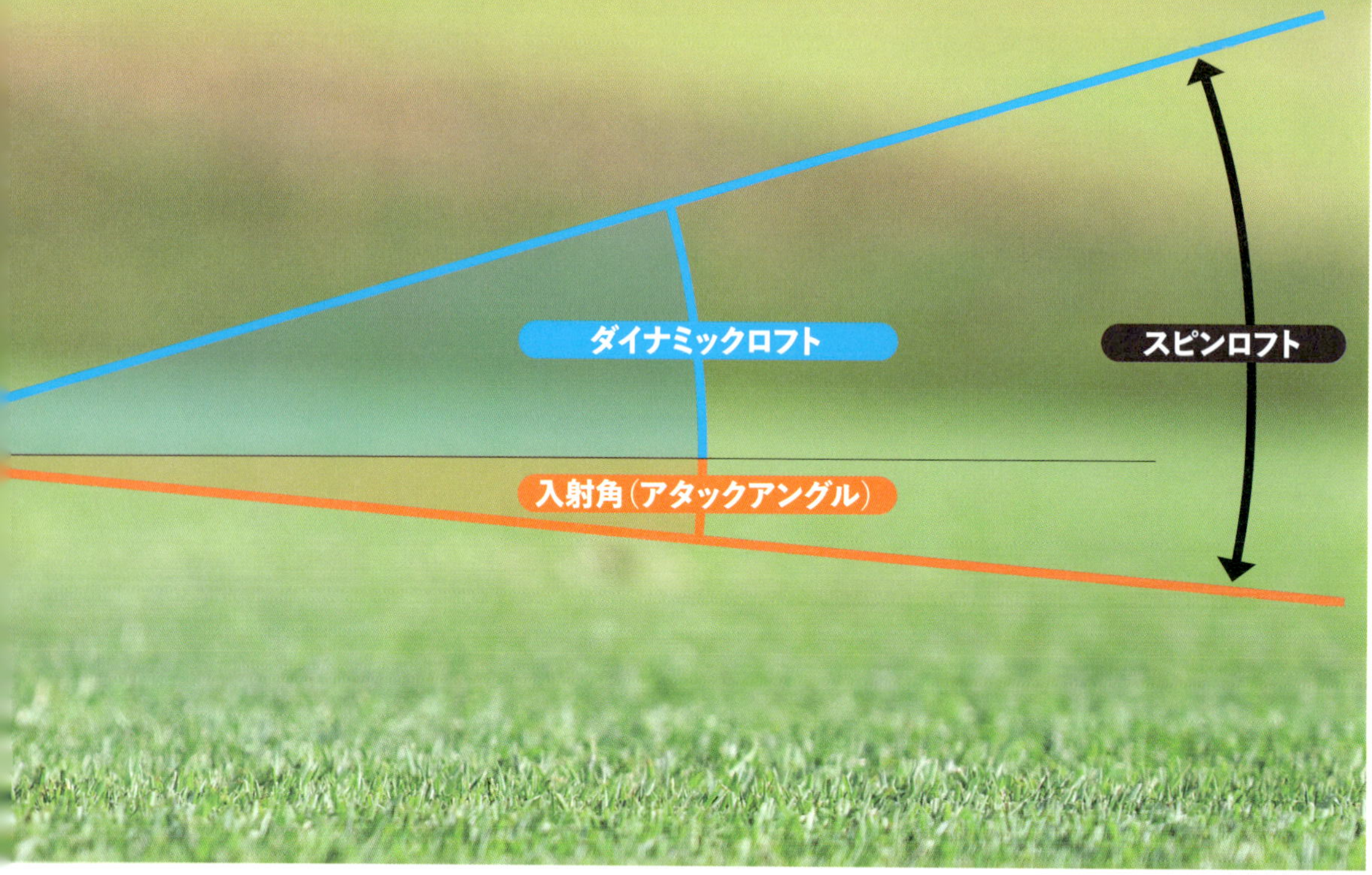

スピンが多過ぎる人はロフトが立ったクラブを

クラブに関することで、もう1つ覚えておいてほしいのが、"スピンロフト"です。スピンロフトとは、ダイナミックロフト（※1）から入射角（※2）を引いた値で、スピンロフトが大きければ、大きいほどスピン量が増し、小さいとスピン量が減少します。

P108で紹介したように、最大の飛距離を生むためには、「飛びの三要素」（ボール初速、打ち出し角、スピン量）を適正にすることが大事なのですが、適正かどうかの判断基準になるのがスピンロフトです。

この数値は、ロフト角を大きくする（小さくする）ことによって変えることができます。スピン量が多過ぎて飛ばない人は、ロフトが立ったクラブを使うようにしましょう。

（※1）ダイナミックロフト：ボールとのインパクト時において、フェース面が水平方向よりもどれだけ上を向いているかを示す角度

（※2）入射角：水平方向を基準として、ヘッドがボールに対してインパクトする際に進入してくる角度のこと。レベルブローを0度とし、アッパーブローをプラス（＋）、ダウンブローをマイナス（－）で示す

ヘッドスピードに合ったモデルを選ぼう

てらゆーのセッティング

てらゆーが理想とするドライバーの数値

ヘッドスピードによって最適なスピン量は変わってくる。ヘッドスピードが50m/sを越えるてらゆーの場合、初速は72～75m/s、打ち出し角は10～12度、スピン量は2500～2800rpmが理想

番手	モデル	ロフト	シャフトの硬さ
1W・ドライバー	ピンG430LST	10.5度	7X
3W・フェアウェイウッド	パラダイム	15度	7X
5W・フェアウェイウッド	パラダイム	18度	7X
4IRON・4アイアン	スリクソンZX	23度	9X
5IRON～PW・5アイアン～ピッチングウェッジ	Xフォージド	ー	X
W・ウェッジ	ジョーズフォージド	50度	X
W・ウェッジ	ジョーズフォージド	54度	X
W・ウェッジ	ピン	58度	X

スコアメイクのためにはセッティングも重要

どんなクラブを選ぶかということも、ゴルフでは大事になってきます。

例えばドライバーで飛ばしたいと思うなら、イントロダクションでもお伝えしたように、長いクラブを選ぶべきです。また、メーカーでは、ヘッドスピード別に飛ばせるクラブを開発しているので、自分のヘッドスピードやスイングに合ったモデルを選ぶことも大事です。

飛びと関係なくなりますが、スコアメイクを考えれば、どんなセッティングにするかも重要なポイントです。例えば、アイアンが苦手な人は、UTを多めに入れるといったように、自分の実力や得手不得手に合わせてクラブ選びをすることで、スコアは確実にアップするはずです。

ヘッドスピード45m/s前後の男性ゴルファーのセッティング例

番手	解説
1W・ドライバー	芯を外しても真っ直ぐ飛んでくれるスイートスポット広めがオススメ。総重量は、300g以下。ヘッドスピードが45m/s以上ある人は、300g以上を選ぼう
FW・フェアウェイウッド	5Wは必須だが、FWが苦手な人は3Wを入れないで、その分、20～26度のUT(ユーティリティー)を2～3本入れた方がスコアメイクしやすい
IRON・アイアン	最近は、アイアンのストロング化(ロフトを立たせること)が進み、セットも6アイアンからというモデルが多い。45m/sあるのなら、5アイアンを入れておきたい
WEDGE・ウェッジ	基本はPW(ピッチングウェッジ)、AW(アプローチウェッジ)、SW(サンドウェッジ)だが、最近は60度を入れる人も。打ちやすいソール幅とバンス角を選ぶことも大事

ヘッドスピード38m/s前後の女性ゴルファーのセッティング例

番手	解説
1W・ドライバー	ヘッド重量は185g前後、総重量は270g前後が1つの目安。長さは43インチ前後。シャフトの硬さはLかA。メーカーによって振り心地が違うので実際に振って確かめよう
FW・フェアウェイウッド	ドライバーの飛距離が200ヤード前後で残り距離が長くなるので、FWは5Wと7Wを。また、UTの出番も増えるので、21～30度の中から3本くらいを選んで入れておこう
IRON・アイアン	38m/sならば、アイアンは6番から9番の4本が基本。FWやUTが得意ならば、アイアンは7番からでもOK。アイアンが得意か不得意かによって本数を決めよう
WEDGE・ウェッジ	ヘッドスピードに関係なく、ウェッジはPW、AW、SWが基本。どちらかというと、FWやUTの本数によってウェッジの本数も決まってくる。バンカーが苦手な人は、女性でもバンカー専用で60度を入れるのはあり

クラブ以外のギアも飛びに大きく影響する

ボール

オウンネーム(名入り)ボール。ボールの種類にもよるが、基本的に無料で入れてくれる

POINT

ドライバーの飛距離はほぼ同じのディスタンス系とスピン系

ボールの飛距離性能は、ここ数年、飛躍的にアップしている。なので、できるだけ新しいモデルを使った方がいい。また、ボールはディスタンス系とスピン系とに分かれ、一般的にはディスタンス系の方が飛ぶと思われているが、ドライバーショットの飛距離はほとんど変わらない。ただし、ディスタンス系はスピンがかかりにくいので、アイアンショットでは多少、ディスタンス系の方が飛距離が出る。また、ディスタンス系はスピンが少ない分、曲がり幅も少なくなるというメリットがある

ボールは新モデル シューズは硬めを選ぼう

飛ばすためには、自分に合ったクラブを選ぶことが大事ですが、少しでも飛距離を伸ばすためには、その他のギアにもこだわるようにしましょう。

ボールは、新しいモデルを使うこと。というのもボールの進化は著しく、日々性能がアップしているからです。また、飛距離には直接関係ありませんが、愛着が湧く「オウンネーム入り」がオススメです。

シューズは、ソール、アッパーともに硬めの方が、地面を強く蹴ることができるので飛距離アップにつながります。

また、グローブは、できるだけ手にフィットしたものを。ブカブカだとグリップが滑るので飛距離が落ちます。はめるときにキツさを感じるくらいのモデルを選びましょう。

シューズ

POINT

硬いシューズの方が地面をしっかり蹴ることができる

“飛び”ということに関していえば、シューズはソールもアッパーも硬めがオススメだ。その理由は、硬い方が地面を強く蹴ることができるから。ベッドの上でスイングしてもスイングに勢いが付かないことからも分かるように、シューズは硬ければ硬いほどしっかり蹴ることができ、その分、ボールに伝わるエネルギーも大きくなる。ただし、硬いシューズは重量も増えるので、足が疲れやすくなるということは頭に入れておこう

グローブ

POINT

グローブはピッタリとフィットすることが大事

グローブで気をつけたいのは、ピタッとしたものを選ぶこと。アマチュアゴルファーの中には、大きめなサイズをはめている人もいるが、手とグローブとの間に隙間ができると手の中でクラブが滑り、エネルギーの伝達効率が悪くなる。はめるのがきついくらい、また、甲側のマジックテープが半分～2／3ほど余るくらいのモデルを選ぶようにしよう

効率《こうりつ》のいい動《うご》きで曲《ま》げずに飛《と》ばす！
てらゆーのゴルフ飛距離《ひきょり》アップ大全《たいぜん》

2025年3月1日　初版発行

著者／てらゆー

発行者／山下　直久

発行／株式会社KADOKAWA
〒102-8177　東京都千代田区富士見2-13-3
電話　0570-002-301（ナビダイヤル）

印刷所／TOPPANクロレ株式会社

製本所／TOPPANクロレ株式会社

本書の無断複製（コピー、スキャン、デジタル化等）並びに
無断複製物の譲渡および配信は、著作権法上での例外を除き禁じられています。
また、本書を代行業者等の第三者に依頼して複製する行為は、
たとえ個人や家庭内での利用であっても一切認められておりません。

●お問い合わせ
https://www.kadokawa.co.jp/（「お問い合わせ」へお進みください）
※内容によっては、お答えできない場合があります。
※サポートは日本国内のみとさせていただきます。
※Japanese text only

定価はカバーに表示してあります。

©Tera-You 2025　Printed in Japan
ISBN 978-4-04-607428-7　C0075